Querida amiga, querido amigo:

El libro que tienes ahora en tus manos no pretende darte una lista interminable de consejos sobre lo que debes o no debes hacer; ni quiere ser un rollo para largarte monsergas de personas mayores; ni se propone ser un tratado con soluciones para aplicar en todos los problemas que se te presenten.

No es nada de eso, no te asustes. En la Consejería de Educación y Cultura hemos querido hacértelo llegar porque creemos que se trata de un libro que cuenta una historia protagonizada por niños y que tiene un objetivo claro: ayudarte a pensar. Ni más ni menos. Y que seas tú el que, al final, elijas.

Que elijas si quieres la tristeza, el dolor y la enfermedad o si, por el contrario, prefieres la alegría, la amistad y la felicidad. Si quieres deslizarte por un camino sin retorno que conduce a la nada o te decides por vivir con entusiasmo tu propia vida.

Espero y deseo que elijas siempre esto último. Y que a la pregunta que te hace el título del libro respondas siempre igual: yo.

Ojalá te guste. Un cordial saludo.

JUSTO ZAMBRANA PINEDA
Consejero de Educación y Cultura

do A.

¿QUIÉN DICE *NO* A LAS DROGAS?

Ilustrado por

Gusti

EDELVIVES

Primera edición: abril 1993.
Segunda edición: octubre 1993.
Tercera edición: diciembre 1993.
Cuarta edición: febrero 1994.
Quinta edición: agosto 1994.
Sexta edición: marzo 1995.
Séptima edición: mayo 1995.
Octava edición: febrero 1996.

Diseño de la cubierta: José Antonio Velasco
Depósito legal: Z. 368-96
ISBN: 84-263-2529-7
Talleres gráficos Edelvives
50012 Zaragoza
Printed in Spain

Para todos aquellos que,
sin pelos en la lengua,
dicen NO *a la droga.*

Gusti y Ricardo

1

AQUELLA noche, Rosa casi no pegó ojo. ¡No era para menos! Al día siguiente comenzaban las rebajas y, sólo de pensarlo, se le crispaban los nervios.

Aguardaba con auténtica impaciencia la llegada de ese momento porque a ella le encantaba comprar y, si encima podía hacerlo a mitad de precio, pues... ¡tanto mejor!

Trató de serenarse y no pensar más en ello, pero el corazón le latía apresurado a causa de la emoción. Dio media vuelta en la cama y, apoyando la cabeza en el hombro de Jacinto, acabó por dormirse.

Pero a la mañana siguiente, antes de que sonara el despertador, cuando apenas asomaban las primeras luces del alba, ya estaba despierta.

Se incorporó de un salto y, todo lo rápido que sus kilos se lo permitieron, enfiló hacia el lavabo.

Quería ser de las primeras en entrar cuando abrieran las puertas de El Águila, pues en esos grandes almacenes era donde más le gustaba comprar.

Así que, tras despertar a su hijo Pablo y a su marido, y de ponerle el desayuno a Tento —el perro de la casa—, salió a la calle más contenta que una niña traviesa después de hacer una trastada.

Para no perder ni un segundo, cogió el metro.

Aún faltaba más de media hora para que abrieran, cuando Rosa, dando zancadas, avanzaba por una calle que desembocaba frente a los grandes almacenes.

Tan exagerada era su sonrisa, que causaba admiración entre todos aquellos transeúntes que se cruzaba. Pero al llegar ante la puerta, y como por arte de magia, la enorme sonrisa se le esfumó de los labios.

Frente a la entrada principal ya había una cantidad de gente verdaderamente impresionante. Todos aguardaban con impaciencia el momento de entrar.

Con ojos desorbitados, Rosa contempló aquella multitud, notando que se le formaba un nudo en la garganta.

«Mecachis, no podré ser de las primeras en entrar», reconoció con amargura, aunque casi en seguida se dijo: «a no ser que me las ingenie para colarme».

Al llegar junto a la multitud, que crecía a ojos vista, Rosa no dudó en echar mano de sus armas. Valiéndose de su generoso físico, fue abriéndose paso entre la gente, propinándole un codazo al de la derecha si hacía falta, golpeando con el bolso a la de la izquierda si era necesario, e incluso pisoteando a todo aquel que no se apartaba.

Y si alguien, mirándola con cara de malas pulgas, protestaba airadamente:

—¡Oiga, señora, no empuje!

Ella, ni corta ni perezosa, y sin pizca de vergüenza, miraba hacia atrás y decía muy molesta:

—Eso, ¡no empujen! A ver si tienen modales, ¡que esto no hay quien lo aguante!

Pese a lo que había dicho, continuaba empujando, dispuesta a situarse entre los primeros.

En esas andaba, cuando de pronto abrieron las puertas. ¡Aquello fue un sálvese quien pueda!

Todos querían entrar a la vez, tanto los que estaban delante como los que se habían quedado atrás. Y si uno veía que otro se le adelantaba, no dudaba en cogerlo del cuello y apartarlo de su camino.

Escurriéndose como una anguila, Rosa fue ganando posiciones, hasta que por fin logró traspasar el umbral de la felicidad. Entonces, una vez dentro de la tienda, veloz como una lagartija en peligro, encaminó sus pasos hacia la sección de tallas especiales.

Tanto ella como su esposo Jacinto y su hijo Pablo usaban las tallas más grandes, por lo cual sería una pérdida de tiempo buscar y revolver en otro departamento.

Las tallas especiales estaban en la quinta planta, junto con las oportunidades. Aunque había escaleras mecánicas, a causa del ajetreo, los empujones y las prisas, Rosa llegó sudorosa y con el corazón dando saltos.

A pesar de ello, al ver ante sí la enorme cantidad y variedad de productos rebajados, supo sobreponerse y se abalanzó sobre ellos con renovados bríos.

Se trataba de hacerse con la mayor cantidad posible de prendas, antes de que otras manos ávidas se las arrebataran.

El caso es que, temerosa de que pudieran quitarle delante de sus narices una fabulosa oportunidad, compraba apresurada sin saber qué se estaba llevando.

Si veía algo estampado, pensaba: «Esto es para mí». Si era de colores chillones, juveniles y modernos, se decía decidida: «Esto es para Pablo». Y si daba con algo más sobrio, de rayas o de cuadros, concluía: «¡Estupendo! Se lo llevo a Jacinto. ¡Ya está!»

Luego, al llegar a casa y con más calma, ya vería qué era lo que realmente había comprado. Y si algo de lo que se había llevado no le venía bien a ninguno de los tres, pues ya se le ocurriría a quién podía regalárselo.

Pasaba del mediodía cuando Rosa, ya exhausta, se resignó a marcharse. Iba tan cargada de paquetes que hasta el mismísimo Papá Noel la hubiera envidiado. Y como no podía dar ni un paso más, cogió un taxi para regresar a casa.

Apenas entró, se dejó caer en el sofá, mientras respiraba profundamente. ¡Estaba francamente agotada...!

—¡Guau, guau, guau! —la saludó el pacífico y cariñoso Tento, pero ella apenas tenía ánimos para hacerle arrumacos.

A pesar de todo, consideraba que el esfuerzo había valido la pena, ya que había vuelto colmada de paquetes.

—Oh..., ¡qué alegría! —suspiró, al tiempo que los recorría con la mirada.

Estaba tan impaciente que no sabía cómo haría para controlarse y no abrirlos hasta que llegaran Pablo y Jacinto. Pero, finalmente, con bastante esfuerzo y empeño de su parte, lo consiguió.

Entonces, sentados los tres en la sala, se dedicaron a abrir uno por uno todos aquellos paquetes.

Así descubrieron que para Jacinto había varias camisas, un pijama, e incluso unos pantalones para montar a caballo.

Jacinto se quedó mirándolos un tanto desconcertado, como preguntándose cuándo llegaría a usarlos.

Y Rosa, como si pudiera leerle el pensamiento, se apresuró a comentar con mucho aplomo:

—Hombre, nunca se sabe. La verdad es que con esa ropa y encima de un caballo quedarías la mar de elegante.

—¡Guau, guau, guau! —pareció apoyarla el perro.

Jacinto se tomó su tiempo antes de responder, como si estuviera imaginándose montado sobre un animal, aunque por fin dijo muy animado:

—¡Tienes razón! No lo había pensado.

Rosa sonrió encantada, y no dejó de hacerlo mientras quitaba el envoltorio a la caja que tenía entre las manos. De ella sacó una bata de cola, roja, con topos blancos, y llena de flecos y volantes.

A Jacinto le faltó tiempo para decir lo que pensaba:

—¡Estupendo! Te vendrá como anillo al dedo el día que decidas bailar sevillanas. ¡Con ese vestido serás la más guapa del *tablao!*

—¡Zalamero! —le dijo ella, cubriéndose el rostro con la cola del vestido.

Fue en ese preciso momento, cuando Pablo exclamó sorprendido:

—¡Anda! ¿Qué es esto?

Era una capa de lluvia, blanca, con capucha, y tan larga que casi le rozaba el borde de los zapatos.

Al verla, Pablo quedó fascinado. ¡Nunca le habían comprado nada igual!

Le pareció que aquella capa era la cosa más linda que jamás se había inventado y que su madre era la mejor del mundo por habérsela comprado.

Así que, sin soltar la capa, saltó al cuello de Rosa rodeándola con sus brazos, mientras le llenaba las regordetas mejillas de sonoros besos.

II

PABLO aguardaba con auténtica impaciencia el momento de poder estrenar esa magnífica capa. Pero los días amanecían tan soleados, que le daba mucho reparo ponérsela para salir a la calle. No le quedaba más remedio que esperar.

«Seguramente mañana caerá un buen aguacero», se decía cada noche antes de disponerse a dormir.

Pero al día siguiente el sol lucía más vigoroso aún, chafando sus planes y sus ilusiones.

Hasta que, casi una semana más tarde, el cielo amaneció un poco nublado. No amenazaba seriamente con ponerse a llover; por eso a nadie se le pasó por la cabeza coger el paraguas antes de salir de casa.

Sin embargo, y tratando de animarse, Pablo se dijo: «Nunca se sabe. Más vale ser prevenido que regresar a casa empapado», y se puso la capa, más contento que un torero dando la vuelta al ruedo.

Al verle, Tento corrió a esconderse debajo de la cama. No podía evitarlo, todo lo extraño le asustaba terriblemente. Pero Pablo ni lo notó, y lleno de entusiasmo, enfiló hacia el colegio.

Como no podía ser de otra manera, los chiquillos que estaban reunidos ante la puerta de la escuela lo divisaron de lejos.

Mirándose unos a otros en plan de guasa, comenzaron a preguntarse con extrañeza:

—¿Qué es aquella cosa tan enorme que se acerca?

—Es más gorda que una vaca, jamás vi una vaca tan gorda. ¿Qué será?

—Será un ovni.

—No creo. Más bien parece una ballena.

—¡Cierto! ¡Es una ballena blanca!

Y, sin más, comenzaron a batir palmas mientras cantaban a todo pulmón:

Es tan larga como ancha
la monstruosa ballena blanca.

A medida que se acercaba, Pablo alcanzaba a comprender sólo algunas palabras de la canción. Y, cuando por fin la entendió por entero, en un santiamén cambió la expresión de su rostro y la alegría desapareció de su cuerpo.

En lugar de ello sintió tanta rabia, que a duras penas conseguía disimular.

Más aún al notar que Jaime, Víctor y Fernando estaban entre los que se mofaban de él.

«Y yo que los consideraba mis amigos», pensó con amargura, al tiempo que se prometía que no volvería a confiar nunca más en ellos. «No volveré a dejarles el cuaderno de matemáticas, ¡ni aunque me lo pidan de rodillas!»

Estaba tan enfadado que, si no hubieran sido tantos, y hu-

biera sabido pelear, los habría desafiado para darles una buena paliza que les sirviera de escarmiento.

Pero estaba convencido de que si lo hacía, quien acabaría recibiendo los golpes sería él y rápidamente desechó la idea sin darle más vueltas.

Eso sí, miró con desprecio a aquel corro de bocazas y pasó junto a ellos sin dirigirles la palabra, para dejar bien sentado que estaba muy enfadado.

No contaba él con que los otros, en vez de amedrentarse, encontrarían divertida su reacción y seguirían provocándole.

Y a partir de aquel momento ya no perdían ocasión de hacerlo, ya fuera en la clase, en el patio o a la salida de la escuela. De tal modo que al cabo de unos días no había ni un solo niño en todo el colegio que no supiera de qué iba la broma.

Como tampoco había ni uno que se quedara con la boca cerrada cuando Pablo pasaba por su lado. ¡Qué va! Fuera grande o pequeño, señalando al desolado Pablo, y pronunciando muy bien cada una de las letras, decía:

—¡Allá va la ballena blanca!

Pablo sentía que su furia aumentaba, y que ya era tanta que no le cabía en el cuerpo. ¡Estaba que explotaba!

Pero lo malo del caso es que ignoraba cómo y cuándo acabaría todo aquello. Y ya no se sentía con fuerzas para resistirlo durante mucho tiempo.

Para colmo, no le quedaba ni un amigo con quien desahogarse ni con quien salir a pasear. Víctor, Jaime y Fernando continuaban mofándose de él, y él no quería saber nada de ellos.

Tan harto estaba de tener que soportar aquello, que hasta

consideró seriamente la idea de someterse al más duro de los sacrificios: pensó en hacer régimen.

No le resultaba nada fácil tomar esa decisión, pues tanto él, como sus padres, sentían auténtico placer comiendo. Sin embargo..., «si me ven más delgado, dejarán de llamarme ballena», se dijo Pablo resignado, y seguramente no le faltaba razón.

Lo que no tuvo en cuenta es que aquel no era un buen momento para iniciar un régimen, pues a causa del disgusto estaba más nervioso de la cuenta, y los nervios le hacían comer a todas horas. ¡Qué apetito se le desató entonces! ¡Sólo era comparable al de una piraña!

Al comprender que su plan había fracasado, empezó a desesperarse; no sabía qué otra cosa podía hacer para poner punto final a tanta tomadura de pelo. Francamente, ¡ya estaba hasta el gorro! Sin embargo, los otros parecían no cansarse de llamarle «ballena blanca» a todas horas.

Y tampoco parecían alterarse demasiado porque Pablo no les dirigiera la palabra, ni porque los mirara con aspecto fiero.

Al contrario, era como si esto los animara a meterse aún más con el desvalido muchacho.

Pablo, cada vez más triste y más solo, no sabía qué hacer, ni dónde meterse. Comenzaba a temer que aquello no acabara nunca y, sólo de pensarlo, se sentía desfallecer.

Mas si en la escuela lo pasaba fatal, los fines de semana se le hacían insoportables, porque no tenía amigos con quienes salir y eso le ponía de un humor de mil demonios.

Su madre, viéndole tan alterado, en más de una ocasión le preguntó en tono amable:

—¿Qué te pasa? ¡Dímelo!

Pero él no se atrevía a sincerarse, aunque por dentro se moría de ganas. Le daba un extraño reparo hablar de aquello, así que optaba por mantenerse en silencio.

A lo sumo meneaba la cabeza, como quitándole importancia al asunto, y se dirigía a la cocina para picar lo primero que pillara.

Pablo estaba cada día más serio y ensimismado, perdido en sus pensamientos. Había momentos en que la maestra le hablaba y él ni se enteraba. Era como si estuviera en otro mundo.

Tanto es así, que ni siquiera cayó en la cuenta de que alguien, agazapado en una esquina, no le quitaba los ojos de encima cada vez que entraba y salía del colegio, o incluso mientras permanecía sentado en un rincón a la hora del recreo.

III

DE lejos, sin atreverse aún a acercarse, alguien seguía sus movimientos con vivo interés.

Se trataba de un muchacho un par de años mayor que Pablo, pálido como la leche y que cojeaba un poco al andar.

No era la primera vez que rondaba por allí, pero, de un tiempo a esta parte, no se movía de aquella esquina.

Con sus ojos puestos en Pablo, aguardaba pacientemente como si no tuviera prisa. Esperaba el momento más favorable para entrar en acción.

Y el momento se presentó un día en que Pablo estaba más furioso que de costumbre tras descubrir que en la pizarra habían dibujado una enorme ballena con su rostro.

¡Aquello ya era demasiado! ¡Era pasarse de rosca!

«¡Son unos... unos... unos descarados!», pensó Pablo, quien, a causa de los nervios, tenía dificultad hasta para encontrar las palabras. De tan enfadado como estaba, le saltaban chispas de los ojos. A pesar de ello, sus compañeros continuaban riéndose a mandíbula batiente.

Tan a disgusto se hallaba en su propia piel, que, sin poder resistirlo ni un segundo más, se escapó del colegio a la hora del recreo.

El muchacho que montaba guardia en la esquina, al verlo, no pudo reprimir una sonrisa de satisfacción. Entonces, dispuesto a aprovechar aquella ocasión de oro, fue tras sus pasos.

Y Pablo, indignado como estaba, ni siquiera se daba cuenta de que alguien le seguía casi tan cerca como su propia sombra.

Caminaba serio y ensimismado, pisando muy fuerte como si el suelo tuviera la culpa de algo.

«¡Jamás volveré a jugar con ellos, ni a mirarles a la cara! ¡Son unos majaderos!», se dijo para sus adentros, en el preciso momento en que resonó a sus espaldas:

—¡Son unos cretinos y unos sinvergüenzas! ¡Ya no quiero saber nada de ellos!

Pablo se giró rápidamente, y entonces se topó con un muchacho de aspecto muy triste, que, al parecer, hablaba solo.

El muchacho, al ver que Pablo lo miraba con expresión de sorpresa, fingió estar un poco cortado por haber sido pillado hablando consigo mismo en voz alta.

Pero pronto reaccionó y, sin perder ni un segundo, se aproximó aún más a Pablo para decirle como justificándose:

—No creas que suelo ir por la calle hablando solo, como los locos. Lo que pasa es que... —hacía como si le resultara difícil encontrar las palabras.

—Que estás un poco nervioso —le echó un cable Pablo.

—¡Sí! ¡Eso es lo que me pasa! —asintió y, tras una pausa, le preguntó—: Y tú..., ¿cómo lo has notado?

—No sé... —dijo Pablo encogiéndose de hombros, pues prefirió no explicarle que a él le sucedía lo mismo, y continuaron andando. Claro que ahora lo hacían uno al lado del otro.

El muchacho, entonces, aprovechó para presentarse:

—Me llamo José Luis —le dijo y, aunque Pablo no le preguntó nada, hizo hincapié en explicarle qué era lo que tanto le fastidiaba hasta el punto de dejarle hecho un saco de nervios—: Es por culpa de mis compañeros, ¿sabes? No paran de meterse conmigo. Me llaman la «gallina coja» por... —titubeó, pues realmente le molestaba hablar de ello—, por esto de mi pierna.

—Ya —asintió Pablo, pues comprendió perfectamente lo que el otro intentaba explicarle. Y arrugando la nariz, como si le hubieran acercado un huevo podrido, agregó—: No me importa lo que digan, yo paso de ellos.

—¡Anda, y yo! —apoyó José Luis muy convencido—. No los necesito para nada. Tengo otros amigos, y con ellos sí que me lo paso bomba.

—¡¿Sí?! —exclamó Pablo admirado, porque a él no le sucedía lo mismo.

El otro enmudeció y desvió la mirada, como dando el tema por concluido. Pero Pablo, que estaba sumamente interesado, quiso saber:

—Y..., ¿cómo son esos amigos? ¿Qué hacéis?

—Tenemos una asociación y nos reunimos en un local casi todos los días. Algunos fines de semana vamos de excursión —le dijo José Luis, consciente de que le estaba poniendo la miel en la boca.

—¿Os marcháis vosotros solos de excursión? —se extrañó Pablo, ya que le parecía que aún eran demasiado jóvenes para que les dejaran irse así por su cuenta.

—No, ¡qué va!, nos lleva el tío Casimiro.

—Ah... —respiró Pablo, y aunque no tenía ni idea de quién era ese tal «tío Casimiro», tampoco lo preguntó.

Sus pensamientos ya revoloteaban por otras partes. Se imaginaba, feliz y risueño, saliendo de excursión con aquellos muchachos, convertidos en sus nuevos amigos.

Se veía acompañado por aquellos chicos, andando juntos, jugando todos juntos, comiendo en la misma mesa... Sin disimular su interés, quiso saber:

—¿Quién prepara la comida?

—Pues el tío Casimiro y sus ayudantes.

—¿Y cocina bien?

—Mmmm..., ¡de rechupete! —respondió José Luis, poniendo los ojos en blanco.

Y Pablo, que no sólo había mordido el anzuelo, sino que incluso ya se lo había tragado, se atrevió a pedirle en tono suplicante:

—¿Por qué no me presentas a tus amigos?

—Bueno... —respondió José Luis con desgana, dando a entender que no le apetecía mucho hacerlo.

Aquello avivó aún más los deseos de Pablo, que no dudó en insistir:

—No seas así, preséntamelos.

—Vale..., vale... —se limitó a decir el otro, sin comprometerse a nada. Lo que sí le propuso fue—: El sábado iré al cine, ¿quieres venir?

—¡Claro! —aceptó él de buen grado.

El sábado, tal y como habían acordado, fueron a ver una película de terror. Y, aunque no les dio tanto miedo como esperaban, se lo pasaron muy bien.

A la salida del cine, aprovechando que aún era temprano, pasearon un rato. Hasta que por fin, José Luis dijo:

—¿Te apetece comer algo?

—¡Sí! —respondió Pablo, casi sin darle tiempo de acabar la frase, y entraron en una cafetería.

Para sorpresa de José Luis, que no comía mucho, Pablo le pidió al camarero:

—Una taza de chocolate, media docena de churros y... ¡dos ensaimadas!

Estaba tan contento que la sonrisa no se le desdibujaba de los labios. José Luis pronto lo notó y eso le animó a seguir adelante con su plan.

Al cabo de un rato, mientras Pablo devoraba su merienda, sin que viniera demasiado a cuento, el otro comentó algo contrariado:

—Ya me gustaría contarte cosas del grupo, pero... —hizo entonces una pausa y luego, en tono categórico, afirmó—: ¡Créeme, te lo pasarías en grande si vinieras con nosotros!

—Pues, ¿a qué esperas para llevarme? —insistió Pablo, que ya se moría de ganas por conocerlos.

—No sé... —dudó el otro, desviando la mirada.

—¿Qué es lo que no sabes? —le espetó mirándole fijamente, decidido a aclarar el asunto cuanto antes.

—Es que apenas si te conozco, y aún no sé si eres de fiar.

—¡Te aseguro que sí!

—¿Y sabes mantener un secreto?

—¡Eso no lo dudes! —exclamó Pablo, muy serio. Ya no sabía qué más podía hacer para que su amigo le creyera y confiara en él de una vez por todas.

Mas, al parecer, finalmente lo había conseguido, pues el otro muchacho acabó por decir:

—Bien, en ese caso...

IV

USANDO un tono de voz chispeante, acompañado de una expresión de gran alegría, José Luis le explicaba que en su grupo todos eran como hermanos.

Según él, allí nadie hablaba mal de sus compañeros, ni se reían unos de otros. Tal era la camaradería, la confianza y el respeto que existía entre ellos, que lo que allí se hacía y se decía habían decidido mantenerlo en secreto, y...

—¡Nos lo pasamos en grande! —aseguraba con mucha insistencia el muchacho.

Pablo le escuchaba con enorme atención. Tanto que, cosa extraña en él, se dejó a medio comer la ensaimada que aún le quedaba. Parecía que estuviera hipnotizado. Quería que su amigo le explicara más y más cosas.

Y José Luis, satisfecho con lo que iba consiguiendo, era una auténtica máquina de soltar palabras.

Le decía que si a uno del grupo le costaba entender alguna lección del colegio, los otros le ayudaban con los deberes. Y cuando alguno caía enfermo, los otros pasaban horas y horas junto a su cama, para que no se aburriera. Celebraban cada aniversario con auténticos banquetes y...

—¡Qué maravilla! —no pudo menos de exclamar Pablo, sin dejar que José Luis acabara la frase.

—Sin embargo, lo mejor de todo es... —comenzó a decir José Luis, pero de pronto enmudeció.

—¿Qué? —dijo Pablo, tratando de animarle para que siguiera hablando.

—Pues..., aún hay mucho más, pero no puedo hablarte de ello. Ya te enterarás cuando llegue el momento —fue la astuta y prometedora respuesta.

«¡Mecachis!», se lamentó Pablo. Era como si en el momento de más suspense de la película, de pronto se estropeara la tele. Tal era su curiosidad, que insistió un par de veces. Pero fue en vano; el otro ya no soltó prenda.

José Luis tenía su lección muy bien aprendida y sabía exactamente cuándo debía callar. Lo que sí dijo fue:

—Si me prometes no meter la pata, te presentaré a mis amigos.

—¿Cuándo?

—Pues... el próximo fin de semana —propuso José Luis y, dándole a su expresión un aire travieso y simpático, le preguntó—: ¿Estás dispuesto a hacer el juramento sagrado? Mira que luego no podrás explicarle a nadie lo que veas allí dentro.

Como si de un inocente juego se tratara, sin pensárselo dos veces, Pablo asintió divertido:

—Claro que sí. ¡Y que me crezca la nariz si no cumplo el juramento! —agregó, medio en broma, medio en serio.

José Luis sonrió, demostrando así que confiaba plenamente en él. Luego consultó su reloj y, puesto que se había hecho más tarde de la cuenta, rápidamente se encaminaron hacia la casa de Pablo. Allí se despidieron y José Luis se marchó silbando por todo lo alto.

Durante la semana se vieron un par de veces y, en ambas ocasiones, lo primero que José Luis le preguntó sin poder disimular su interés fue:

—No te habrás echado atrás, ¿verdad?

—Claro que no —respondía él, muy serio.

Entonces el otro, cambiando el tono de voz e incluso la expresión de su rostro, se apresuraba a decir:

—Ya lo sé, tonto, pero si te lo decía en broma.

Por fin, el sábado a media tarde se encontraron a la hora convenida y, charlando como buenos amigos, se dirigieron al piso de la calle Calabria donde José Luis y sus amigos solían reunirse.

Al llegar, Pablo se sorprendió, pues el grupo era más numeroso de lo que había imaginado. Todos los chicos eran mayores que él, y algunos hasta tenían barba y bigote. Pero su sorpresa fue aún mayor al conocer al tío Casimiro y sus ayudantes. Porque éstos eran casi tan viejos como su padre, y él no entendía qué hacían jugando con los chavales.

Pero los hombres se esforzaron tanto en mostrarse simpáticos, que Pablo pronto alejó de su cabeza cualquier sentimiento extraño. Es más, al cabo de un rato se encontraba hablando con unos y con otros como si los conociera de toda la vida, mientras les hincaba el diente a aquellas deliciosas pastas que el tío Casimiro había preparado en su honor.

Y en el momento en que mejor se lo estaba pasando, pues alguien contaba chistes la mar de divertidos, fue cuando José Luis le advirtió que debían marcharse.

—¿Por qué? ¡Aún es temprano! —protestó Pablo, que tenía ganas de quedarse un rato más.

—Es que ahora hablarán de cosas que sólo pueden oír quienes hayan hecho el juramento —le explicó el otro.

—Ya... —balbuceó y, aunque a regañadientes, fue a buscar la cazadora para marcharse.

—No te preocupes, volveremos otro día —le consoló José Luis.

Y, fiel a su palabra, pocos días después volvió a llevarle de visita. Y durante el fin de semana le llevó otra vez, y...

Si bien es cierto que entre aquellos muchachos Pablo se lo pasaba en grande, quien más había sabido ganarse su simpatía era el tío Casimiro. Estaba siempre pendiente de él: celebraba sus chistes y ocurrencias, se preocupaba por sus notas en la escuela, elogiaba su buen gusto en la forma de vestirse...

Y Pablo, que en toda su vida se había sentido tan bien tratado, comenzó a mirar al tío Casimiro como si de un semidiós se tratara. Lo que dijera aquel hombre era para él palabra santa.

Por eso, cuando el tío Casimiro, en un aparte, le dijo:

—Ya llevas mucho tiempo con nosotros. Es hora de ir pensando en que hagas el juramento. ¿Qué tal si lo haces el sábado?

—¡Claro! —aceptó Pablo encantado, pues se moría de ganas de ser un miembro más de aquel grupo.

El sábado siguiente, José Luis pasó a buscarlo por su casa y, dicharacheros y entusiasmados, se encaminaron al piso de la calle Calabria.

Pablo apareció con una sonrisa de oreja a oreja, pero, nada más entrar, se le esfumó de los labios.

Y no era para menos, pues el tío Casimiro aquel día estaba muy serio. Con su expresión daba a entender que en aquel momento no cabían las bromas. Para dejar bien sentado que estaba a la altura de los acontecimientos, con una expresión tan seria que el pesimista más recalcitrante se la hubiera pedido prestada, Pablo se plantó en medio de la sala.

Al cabo de un rato se le acercó el tío Casimiro y, mirándole fijamente, le advirtió:

—Ten en cuenta que, una vez hecho el juramento, serás uno de los nuestros y no podrás volverte atrás —calló por unos segundos, para luego agregar—: A pesar de ello, ¿estás dispuesto?

Y, puesto que Pablo asintió con la cabeza, comenzaron los preparativos.

Uno trajo una mesa, otro la cubrió con un mantel, encendieron algunas velas.

Cuando todo estuvo a punto, el tío Casimiro se puso en la cabeza una especie de cucurucho enorme, de color negro y con una media luna pintada.

Estaba tan ridículo con aquello que, al verlo, Pablo estuvo a punto de soltar la carcajada. Afortunadamente, y no sin esfuerzo, supo controlarse.

Continuaba aún tratando de pensar en otra cosa para que no le diera la risa, cuando el tío Casimiro le ordenó:

—¡Levanta la mano derecha!

Él se apresuró a hacerlo, como si en ello le fuera la vida. Tuvo que apoyar la mano izquierda sobre un pergamino, en donde había pintados una calavera y una especie de extraño planeta.

Advertido de que debía prestar mucha atención para no equivocarse, Pablo fue repitiendo las palabras que el cabecilla del grupo pronunciaba en tono solemne:

- Todo cuanto se diga y se haga aquí dentro lo guardaré en secreto, y ni el más temible de los castigos conseguirá hacerme hablar más de la cuenta.
- A partir de ahora mis compañeros pasarán a ser mis hermanos, y a ellos les debo fidelidad y obediencia.
- Este lazo sellado con sangre se convertirá en lo más importante de mi vida.
- Acataré sin dudarlo todas las órdenes que me dicten mis superiores.
- Trabajaré con entusiasmo y ahínco, y no escatimaré esfuerzos en cumplir lo mejor posible las misiones que me sean asignadas.
- Así, poco a poco, iré progresando hasta convertirme en un ser privilegiado. Y, cuando mis superiores lo consideren oportuno, disfrutaré del honor de acompañarlos en su viaje al planeta Kleenbody.

Entonces sobrevino un profundo silencio, como si hasta el propio tiempo se hubiera detenido para no hacer ruido.

Pablo miraba a unos y a otros por el rabillo del ojo, tratando de considerar todo aquello una apasionante aventura, cuando de pronto cayó en la cuenta de que en realidad sentía un poco de miedo.

De pronto se sorprendió pensando que quizá hubiera sido mejor no hacer el juramento. Ahora, ¿cómo haría para romperlo? No podía dar marcha atrás. Al pensarlo, se le retorcían la tripas.

Para colmo de males, aquel silencio tan denso le aguijoneaba las orejas.

Finalmente, José Luis, por haber sido quien lo presentó al grupo, se le acercó con grandes aspavientos para abrazarlo emocionado, al tiempo que le felicitaba:

—¡Qué orgulloso estoy! ¡Éste es un día inolvidable! —le decía a voces, mientras lo estrujaba entre sus brazos.

Luego fueron los demás quienes, uno por uno, lo abrazaron al tiempo que le decían palabras amables, que a Pablo le llegaron al alma.

Tras los abrazos, y para su sorpresa, sirvieron bocadillos, refrescos y pastel, para celebrar por todo lo alto su incorporación al grupo.

«¡Qué gesto tan delicado!», pensó Pablo con los ojitos brillantes, sin dejar de masticar.

La fiesta resultó tan animada, que estuvieron hasta las tantas celebrando el acontecimiento. Al marcharse de allí, Pablo ya no guardaba recelos ni temores. Es más, se sentía explotar de felicidad por pertenecer a un grupo tan privilegiado.

V

ROSA fue la primera en notar que su hijo volvía a ser el de siempre, y eso le hizo respirar. Se había sentido impotente durante aquellas semanas en que Pablo, convertido de la mañana a la noche en un cascarrabias, protestaba por todo y nada le sentaba bien.

Afortunadamente, esos negros días eran ya cosa del pasado, pues Pablo volvía a ser un chaval afable y de sonrisa fácil.

A la mujer tampoco se le pasaba por alto el motivo de semejante cambio. «Desde que se reúne con esos chicos, mi hijo ha vuelto a la vida», se decía convencida.

Y no iba desencaminada.

Pasado el susto del juramento y, a medida que los iba conociendo mejor, Pablo se sentía más cómodo entre aquellos muchachos.

Era verdad que a veces hacían o decían cosas un poco rarillas a las que él no llegaba a pescar el sentido. También era cierto que en más de una ocasión los había sorprendido hablando casi en secreto y que rápidamente callaban cuando él se les acercaba.

Pero eso le traía sin cuidado. Mientras no se metieran con él, lo demás poco le importaba. Lo importante era que tenía amigos con quien reunirse, charlar y reír si se terciaba.

Casi cada tarde, al regresar de la escuela, le preguntaba a su madre:

—¿Puedo ir un rato con mis amigos?

A lo que Rosa, agradecida como estaba a aquella gente, no dudaba en responder:

—Bueno, pero no te quedes hasta muy tarde; luego tienes que hacer los deberes.

—Vale, mamá —decía Pablo, y salía pitando.

Hasta que uno de esos días, al llegar al piso de la calle Calabria, los encontró a todos más eufóricos de la cuenta.

—¿Qué os pasa? —preguntó.

—¡Que planeamos irnos cuatro días de excursión aprovechando el puente del próximo fin de semana! —fue la respuesta.

Pablo se los quedó mirando con los ojos muy redondos y la sonrisa de oreja a oreja, contagiado sin duda por tanta alegría. Y, sin darles tiempo para que lo convidaran, les soltó muy decidido:

—Supongo que también contaréis conmigo. No pienso quedarme en casa.

—¡Hombre!, ¿cómo se te ocurre? —respondieron los otros, sin perder la sonrisa.

No sospechaba Pablo que si él no iba seguramente la excursión no se haría, pues todo aquello era una encerrona que le habían preparado.

—Y..., ¿adónde iremos? —quiso saber el niño, emocionado con la idea del viaje.

—A la casa del tío Casimiro, en la montaña —le dijo José Luis y, casi en seguida, agregó—: Es un sitio precioso, ¡ya verás cómo te gusta!

Pablo se frotó las manos al tiempo que abría muchísimo los ojos, dando a entender que estaba impaciente por emprender tan fantástico viaje. Ya se veía reunido con sus amigos en torno a la hoguera, mientras la carne se doraba sobre el fuego.

Quien no lo vio tan claro fue Rosa. A ella no le hacía ninguna gracia que Pablo se marchara tantos días con una gente a la que no conocía.

Un tanto recelosa, decidió consultarlo con su marido:

—Jacinto, ¿a ti qué te parece?

—¿Y...? —respondió él indeciso, pero sin comprometerse más de la cuenta.

—Algo tenemos que decirle al niño antes de que se haga más ilusiones —le apremió Rosa—. Ya sabes cómo se pone cuando se le lleva la contraria, en eso ha salido a ti.

Jacinto la miró por encima de las gafas, aunque no respondió. Estaba demasiado cansado para enfrentarse a una batalla verbal, y seguramente saldría perdiendo. Lo que sí dijo, fue:

—Si no estás muy convencida, lo mejor será que se quede en casa.

—¡De acuerdo! —se apresuró a asentir Rosa, pues aquello era precisamente lo que esperaba oír. Y, para acabar cuanto antes con el problema, fue a comentarle a Pablo lo que habían decidido.

Pablo, que estaba preparando su mochila para no olvidarse de nada, puso el grito en el cielo al oírla. Por nada del mundo se iba a resignar a quedarse sin la excursión.

—Irás otra vez —trató de aplacarlo su madre.

Pero él ni la oyó, pues berreaba más alto que un bebé hambriento.

A pesar de tanta lágrima y tanto grito, no consiguió hacer que Rosa mudara de opinión. En vista de ello, decidió cambiar rápidamente de táctica. Entonces, después de secarse la cara con la manga de la camisa, se acercó a su madre y, tras abrazarla, le dijo zalamero:

—¿Quién es la madre más buena y más guapa del mundo?

A lo que Rosa, derritiéndose como un helado al sol, dijo:

—No sé, supongo que soy yo...

Pablo continuó, seguro de que así se saldría con la suya:

—¿Y cuál es la madre que le da a su querido hijito todos los caprichos?

—Eso sí que lo sé, ¡soy yo!

—Y..., ¿quién me dejará ir de excursión?

Rosa, recuperando su entereza, aún en tono almibarado, respondió:

—Nadie, puesto que tu padre y yo pensamos que es mejor que no vayas.

Pablo retrocedió unos cuantos pasos; entonces le plantó cara con gesto de ofendido. Pero, como Rosa no se dejó impresionar, acabó por dar media vuelta y fue a encerrarse en el lavabo, llorando desconsolado:

—¡Quiero ir a la excursión! ¡Quiero ir! ¡Buuuaaa!

Permaneció un buen rato encerrado en el cuarto de aseo, hasta que reconoció que era perder el tiempo; entonces salió. Poniendo morritos, se dejó caer en el sofá de la sala frente al televisor.

A la hora de la cena, para que se notase claramente que estaba enfadado, hizo más ruido del habitual mientras se tomaba la sopa. Luego había pollo, y se sirvió los dos muslos sin darles tiempo a los demás ni a reaccionar. Y, cuando Rosa trajo el postre, rápidamente cogió el trozo de pastel más grande.

Sus padres estaban francamente molestos con la actitud del niño, porque el trozo más grande tenían por norma sortearlo y no quedárselo así por las buenas. Sin embargo, prefirieron hacer la vista gorda.

«Ya se le pasará, ¡paciencia!», pensó Rosa, mientras rebañaba los restos de nata que quedaban en su plato.

Pero el berrinche no se le pasó tan fácilmente. Tanto fue así, que al día siguiente, en cuanto salió del colegio y sin pasar por su casa, se dirigió corriendo al piso de la calle Calabria.

—¿Qué haces por aquí tan temprano? —se sorprendieron sus amigos.

—¿Dónde está el tío Casimiro? —quiso saber Pablo—. Tengo que hablar con él.

—En el cuarto del fondo —dijo uno de los ayudantes del tío.

—Vaya... —murmuró Pablo, bastante molesto.

Cuando el tío se encerraba en aquel cuarto, no se le podía molestar, bien lo sabía él.

Lo que no sabía era qué diablos hacía allí dentro, pues sólo unos cuantos tenían acceso a aquella habitación. Si bien en aquel momento poco le importaba lo que hiciera encerrado ahí. Lo único que le apremiaba era la urgencia que tenía por hablar con él.

El hombre pronto comprendió que el recién llegado estaba más nervioso de la cuenta, por lo que decidió ir a avisar al mandamás. Poco después apareció el tío Casimiro y, cogiendo a Pablo por los hombros, lo condujo a un rincón. Mirándolo fijamente, le preguntó en tono amistoso:

—¿Qué te sucede?

Pablo se lo contó de un tirón, y luego le dijo con expresión resuelta:

—Aunque no me dejen, iré de excursión.

El hombre no pudo reprimir un gesto de satisfacción al notar que Pablo ya anteponía el grupo a su familia. A pesar de ello, tras reflexionar un momento, le dijo, como si de una orden se tratara:

—No es conveniente que los desobedezcas. Aún no. Iré a hablar con ellos y trataré de convencerlos. Creo que será lo mejor.

Y al día siguiente, tal como había acordado, el tío Casimiro se presentó en su casa.

Pablo no había salido del colegio, y Jacinto aún no había regresado del trabajo, por lo que Rosa estaba sola. Y, puesto que su hijo no le había advertido que tendría visitas, se extrañó cuando llamaron a la puerta.

Al abrir, se sorprendió aún más al toparse con aquel elegante caballero, impecablemente trajeado, que incluso llevaba una flor en la solapa.

«¡Y yo con estos pelos...!», pensó Rosa, profundamente impactada. Tanto, que ni siquiera atinaba a preguntarle qué deseaba.

En vista de ello, el tío Casimiro, esgrimiendo una sonrisa con el mejor estilo de los galanes de cine, le susurró con voz cantarina:

—¿Usted es Rosa?

—Sí... —dijo la mujer, con un hilo de voz.

—Mucho gusto. Soy Casimiro Visiedo, el tío Casimiro, como me llaman los chicos —se presentó, y le besó respetuosamente la mano.

Aquello era lo que le faltaba a Rosa para sentirse morir de la impresión. Jamás había visto una persona tan fina y educada. Bueno, sólo en las películas..., ¡pero no es lo mismo!

Permanecieron un momento en silencio y, puesto que la dueña de la casa no se lo ofrecía, él acabó por preguntar:

—¿Puedo pasar? Quisiera hablar con usted. Si no está muy ocupada, se entiende...

—¡Qué cabeza la mía! ¡Vaya modales! —se regañó Rosa a sí misma, pues de tan atolondrada no sabía ni cómo comportarse—. ¡Pase, por favor!

Le acompañó hasta la sala y, mientras él se sentaba, ella corrió a la cocina para preparar café.

El hombre sacó un cigarro y, tras encenderlo, iba a coger un cenicero que había encima de la mesa. Se disponía a hacerlo, pero, por increíble que parezca, no pudo porque Tento se lo impidió. Era la primera vez que aquel perro tan bonachón hacía algo semejante.

Como si de un vulgar ladrón se tratara, Tento comenzó a gruñirle en actitud amenazadora, impidiéndole el paso.

El tío Casimiro retrocedió intimidado, se sentó, y ya no se atrevió a moverse. Sólo entonces se echó Tento sobre la alfombra, sin perderle de vista, con visible desconfianza.

Rosa regresó a la sala al cabo de un rato, llevando una humeante cafetera y una bandeja repleta de galletas rellenas. Por cierto, ¡sus preferidas!

Mientras ella servía las tazas, el tío Casimiro aprovechó para ir directamente al grano. Mirándola fijamente a los ojos, como si pretendiera hipnotizarla, le dijo en tono amable:

—He venido a pedirle que deje asistir a Pablo a la excursión. Él lo desea muchísimo, y usted no puede negarse.

Y Rosa, que no supo negarse, acabó dando su consentimiento. Eso sí, hizo mil recomendaciones, pidió la dirección y el teléfono de la casa...

De esta manera, Pablo se salió con la suya y fue de excursión.

VI

PARTIERON el viernes, a última hora de la tarde, en un autocar alquilado. Lo conducía Bernardo, uno de los ayudantes del tío Casimiro.

Pablo se sentó al lado de la ventanilla, con la bolsa de la merienda sobre las piernas.

Tan pronto se pusieron en marcha, le quitó el envoltorio a uno de los bocadillos y le hincó el diente mientras observaba el paisaje.

Aún no había acabado de comérselo, cuando se percató de que el tío Casimiro iba de asiento en asiento repartiendo algo.

«¿Qué será?», se preguntó el niño.

Era una pastilla roja, pequeña y redondita, y...

—Póntela debajo de la lengua y deja que se disuelva —le explicó el hombre.

Pablo así lo hizo sin pérdida de tiempo, mas quedó un poco decepcionado, pues aquello no sabía a nada.

Sin embargo, poco después comenzó a hallar muy divertido que le convidaran con una pastilla que no sabía a nada. Tanta gracia le hizo aquello, que se echó a reír.

Reía a mandíbula batiente y no había manera de parar, como si le hubiera dado una borrachera de risa.

Y él no era el único. Varios de los que viajaban en el autocar también reían a carcajadas, y quién sabe de qué.

Sin saber precisar cómo ni cuándo, Pablo acabó por dormirse. Entonces tuvo unos sueños tan raros que, sin llegar a despertarse, se quejaba entre dientes y se removía en el asiento como si estuviera muy asustado.

Así continuó hasta que el tío Casimiro, a voz en grito, les anunció que habían llegado. Más dormido que despierto, Pablo se incorporó notando que tenía la boca seca y un curioso zumbido en la cabeza.

Le indicaron cuál era su cama y, sin fuerzas ni para desvestirse, se dejó caer sobre la colcha. Nada más apoyar la cabeza en la almohada, volvía a estar profundamente dormido.

No se despertó hasta el día siguiente, y ya estaba bien entrada la mañana. Rápidamente se encaminó a la cocina: llevaba demasiadas horas sin probar bocado y necesitaba urgentemente echarle algo a la barriga.

En la cocina se encontró con casi todos sus compañeros en medio de una enorme algarabía. Celebraban entusiasmados que aquel día viajarían al planeta Kleenbody.

—¿Y... yo? —preguntó Pablo.

—Tú también vendrás —le tranquilizó el tío Casimiro.

—¿Cómo iremos? —se interesó el muchacho, pues imaginaba que para ir a otro planeta se necesitaría una nave espacial, y por allí no veía ninguna.

—Ya te enterarás cuando llegue el momento. No es bueno ser tan curioso —le recriminó Bernardo.

—¿Iremos todos? —continuó con el interrogatorio.

—Casi todos —sentenció Casimiro, mirando a un chico de soslayo.

—¿Y cuándo partiremos?

—Esta tarde, después de comer —dijo el tío Casimiro, al tiempo que daba media vuelta y se marchaba de la cocina.

—¡Hurra! —gritó Pablo, hallando todo aquello superemocionante y divertido.

Incapaz de controlar su curiosidad, siguió pidiendo a sus compañeros más y más detalles sobre el planeta Kleenbody.

Los otros contestaban cuidando lo que decían, y esforzándose por avivar aún más el interés del niño por iniciar el viaje, tal como les había aleccionado el tío Casimiro.

Así continuaron un buen rato, hasta que alguien avisó que la comida estaba servida. Entonces Pablo, dejando a los demás con la palabra en la boca, salió como una flecha rumbo al comedor.

Fue el primero en sentarse a la mesa, el primero en servirse y en empezar a comer, y el primero en acabar.

Así que, en vista de que los demás aún comían y él no, sin pizca de vergüenza, volvió a llenarse el plato a rebosar. Lo devoró en un abrir y cerrar de ojos y, puesto que en las fuentes aún quedaba comida, con tal expresión en el rostro que era la viva imagen del buen humor, se hizo con la cuchara para servirse otra vez.

José Luis lo observaba con ojos de espanto. ¿Cómo era posible que alguien comiera tanto?

—¡Te hará daño! —le advirtió.

—Es demasiado, ¡te sentará mal! —se sumaron otros, incluso el tío Casimiro.

—¡Qué va! —se defendió él, y acto seguido les refutó—: Lo que hace daño es levantarse de la mesa con la barriga vacía —y continuó masticando.

Fiel a sus ideas, no dio por acabada la comida hasta que hubo llenado todos los huecos de su tripa. Entonces, tan harto que hasta le costaba moverse, confesó satisfecho:

—¡He comido como un señor!

José Luis iba a responderle molesto, pero reconoció a tiempo que no era un buen momento para entrar en discusiones y optó por callarse.

Permanecieron todos en silencio, como si ya no hubiera nada más que decirse, hasta que el tío Casimiro regresó al comedor para hacerles saber que lo tenía todo a punto.

—Podéis subir a la buhardilla —les indicó, y los demás le obedecieron rápidamente.

Pablo entendía cada vez menos todo aquello. ¿Cómo era posible despegar hacia el planeta Kleenbody desde la buhardilla?

«Me parece que estamos todos locos», dijo para sus adentros, al tiempo que se acercaba al tío Casimiro decidido a preguntárselo. Pero el hombre, adivinando sus intenciones, antes de que pudiera abrir la boca, le soltó:

—Ahora tenemos que estar callados, ¿entendido?

Pablo asintió y fue tras sus compañeros, que en fila india subían la escalera.

Ya en la buhardilla, se sentaron todos sobre cojines, con la espalda apoyada contra la pared y mirando atentamente al tío Casimiro.

Éste sacó de uno de sus bolsillos un medallón dorado y, con parsimonia, se lo colgó del cuello. Entonces, sin romper aún el tenso silencio que reinaba en el ambiente, los miró uno por uno, para luego preguntar:

—¿Quién de vosotros se considera digno del privilegio de viajar al planeta Kleenbody?

Todos alzaron la mano, incluso Pablo que miraba de reojo a sus compañeros para imitar lo que ellos hicieran.

—Pero... —prosiguió el tío Casimiro— me consta que no todos habéis cumplido vuestras obligaciones —y se encaró con Jordi, un muchacho tímido y delgaducho, incapaz de pronunciar dos palabras seguidas sin tartamudear.

—Yo... yo... yo... sí... sí... —trató de defenderse el muchacho, pues en modo alguno se veía capaz de renunciar al viaje. Ir al planeta Kleenbody era lo único que realmente le importaba. Su dependencia era tal que para conseguirlo era capaz de cualquier cosa.

—Nadie te ha pedido que hables —le espetó el mandamás.

Jordi lo miraba con gesto suplicante, pidiéndole desesperadamente que no le privara del viaje. Lo necesitaba casi tanto como al aire para seguir viviendo.

Pero, al parecer, tal actitud no consiguió ablandar al tío Casimiro quien, serio y tajante, le dijo con desprecio:

—No vendrás con nosotros, y espero que eso te sirva de escarmiento.

Jordi se cubrió el rostro con las manos y, en un arrebato de rabia, iba a incorporarse, cuando el tío Casimiro exclamó autoritario:

—¡Quédate donde estás, infeliz!

El muchacho titubeó un momento, aunque acabó por obedecer.

Sin poder disimular su sorpresa, Pablo clavó sus ojos en el tío Casimiro. Jamás le había visto comportarse así, y el caso es que le molestaba profundamente. Luego, mirando a Jordi, pensó: «Pobre chaval». Le apenaba que no pudiera acompañarles en tan fantástico viaje. «Seguro que será inolvidable», no hacía más que repetirse, ansioso por que llegase la hora de partir.

El tío Casimiro hizo un gesto con la mano y unos cuantos muchachos se incorporaron para correr las pesadas cortinas.

La habitación quedó entonces en penumbra, apenas iluminada por una luz rojiza que no cesaba de dar vueltas, proyectando mil destellos plateados sobre las paredes.

«¡Qué raro!», pensó Pablo, que no lograba comprenderlo. «¿Cómo diablos harán para echarse a volar?»

A duras penas conseguía mantener la boca cerrada, mas no osaba preguntarlo por temor a que se enfadaran con él y en el último momento decidieran dejarlo en tierra.

Entonces, el tío Casimiro dio unas palmadas e, inmediatamente, acudieron a su llamada los dos ayudantes, que hasta ese momento habían esperado fuera.

Vestían largas túnicas blancas con ribetes dorados e iban descalzos. Avanzaban muy serios, como si en aquella habitación se estuviese velando a alguien. El primero llevaba un vaso y una jarra. El otro, una especie de cofre que lucía como el oro, y que no era demasiado grande.

Los hombres se detuvieron frente al tío Casimiro y éste, con los párpados entornados, comenzó a murmurar como si estuviera rezando. Al finalizar, dirigiéndose a sus ayudantes, les dijo con voz pausada:

—Sentad a mi lado a los invitados de honor.

Los hombres le indicaron a Pablo que se instalara a la derecha del mandamás. A la izquierda sentaron a José Luis; le correspondía ese privilegio, puesto que él había traído al nuevo miembro del grupo.

En vista de que cada cosa estaba en su sitio y de que cada uno ocupaba el lugar que le correspondía, el tío Casimiro ordenó a sus colaboradores:

—Ya podéis comenzar.

Pablo se removió en el asiento; su excitación ante la inminencia del viaje era tan grande que no podía estarse quieto.

VII

COMO si de un ritual se tratara, solemnes y majestuosos, los compinches del tío Casimiro comenzaron a moverse en el mismo sentido que las agujas del reloj. Primero dieron un par de vueltas andando siempre al mismo ritmo, dando a entender que lo tenían muy bien ensayado, y por fin se detuvieron delante de José Luis.

Mientras uno de los hombres escanciaba agua en el vaso, el otro abrió el cofre y se lo ofreció al muchacho. Éste cogió una de las pastillas que había dentro y se la llevó a la boca, apurando el agua que el otro le sirvió. Devolvió el vaso, se secó los labios con la mano y, con los ojos cerrados, habló a voz en grito:

—Me encamino al planeta Kleenbody donde reina la paz, la felicidad y el bienestar. Allí disfrutaré de la dicha en compañía de mis hermanos.

Dicho esto enmudeció de repente, dejándose ir contra la pared, mientras la cabeza se le caía hacia adelante y hacia los lados. Era como si le pesara demasiado y él no tuviera fuerzas para mantenerla erguida.

Los hombres se detuvieron entonces junto al muchacho

que estaba a la izquierda de José Luis, le acercaron el cofre y... ¡vuelta a empezar!

Sólo en ese momento Pablo descubrió cómo se las apañaban para viajar sin naves ni cohetes.

«¡Claro, es gracias a esas pastillas!», concluyó para sus adentros. Se miró entonces los brazos, la barriga y las piernas y palideció.

De pronto se sintió morir de vergüenza, experimentó auténtico terror. También aquellos muchachos se mofarían de él, cuando descubriesen que por culpa de su gordura no había conseguido elevarse hasta el planeta Kleenbody.

¿Cómo podría hacerlo, si aquellas pastillas eran más pequeñas que la uña de su dedo meñique y él pesaba tanto como una ballena?

«Los otros sí, claro, porque están tan flacos como palillos», pensó, mientras les imaginaba flotando por el aire con la facilidad de los globos, yendo felices y risueños al distante planeta.

Sin embargo, él mismo se veía pegado al mosaico, sin conseguir elevarse ni un palmo del suelo.

«¡Qué rabia!», protestó para sus adentros, mientras pensaba con desesperación qué podía hacer para remediarlo.

«Y si cojo dos o tres pastillas...», se le ocurrió, y la idea le pareció francamente buena.

Como corría el peligro de que los hombres le vieran y se enfadaran, decidió olvidarse del plan para no meter la pata.

Pero..., ¿qué otra cosa podía hacer?

Pues, podía tragarse la pastilla y luego inventarse que había estado en el planeta, aunque no se hubiera movido de aquella habitación. Se trataría de echarle bastante imaginación al relato y expresarse con convicción.

«Claro que si los ayudantes no salen de viaje, verán que no he podido moverme de aquí y se chivarán a los demás. ¡Qué lata!», se decía, con los nervios a flor de piel, pues ya tenía a los hombres peligrosamente cerca.

Éstos se detuvieron delante de Jordi. El muchacho, que tenía el rostro oculto entre los brazos, alzó la cabeza al notarlo.

Por un momento confió en que los otros hubieran cambiado de opinión, permitiéndole finalmente participar en el viaje. Encarándoles, abrió la boca, igual que un ave pequeña, desvalida y hambrienta.

Pero ellos, sin inmutarse, negaron con la cabeza y, pasándolo por alto, continuaron la ronda.

Ahora ya sólo quedaban dos jóvenes antes de que le llegara el turno a Pablo. Y él continuaba sin saber qué hacer. Estaba tan nervioso que era como si estuviera sentado encima de un cacto. No había manera de que se quedara quieto.

Se sentía francamente mal, acorralado en un callejón sin salida.

«¡Yo quiero irme con mi mamá!», tuvo ganas de ponerse a chillar, en el preciso momento en que aquellos dos se plantaron ante él.

Abrió la boca de manera casi mecánica, mientras uno de los hombres le acercaba el cofre también abierto para que cogiera la pastilla.

Pablo no atinaba a comprender qué diablos pasaba en su interior, pues, mientras de los pies le subían corrientes frías, de la cabeza le bajaban oleadas de sofocante calor. Unas y otras se encontraban justo en medio de la barriga, formando un cataclismo de mucho cuidado y de imprevisibles consecuencias.

Pablo dudaba de que pudiese soportar semejante tortura durante mucho rato. Y no iba desencaminado...

Irguió ligeramente la espalda y estiró el brazo para coger la pastilla. Ya se disponía a metérsela en la boca, cuando una punzada en el estómago le hizo arquearse del dolor.

—¡Aaahhh! —se quejó el niño.

—¡Calla! ¡No grites! —le advirtió el tío Casimiro, visiblemente molesto—. ¿Qué te pasa?

—Me duele la barriga... —le explicó Pablo, apretándosela con ambas manos.

—¡No me extraña! —le replicó el otro, a punto de perder la paciencia, pues las cosas no salían tal como había planeado—. Y te seguirá pasando si sigues comiendo peor que los cerdos. ¿Es que en tu casa no saben enseñarte modales?

Pablo sintió que las mejillas se le ponían rojas de rabia. Aquella ofensa era demasiado grave y no podía soportarla, aunque de momento prefirió callarse.

En aquel preciso instante, como azotada por una imprevista corriente de aire, la figura del tío Casimiro cayó del pedestal donde Pablo la había colocado.

Sin disimular el dolor que sentía, casi entre susurros, el niño dijo:

—Necesito ir al lavabo...

—Puedes ir —le autorizó el tío Casimiro, con ganas de liberarse de semejante trasto.

Pablo se incorporó y, cubriéndose la boca con la mano,

pues notaba que estaba a punto de vomitar, enfiló raudo hacia el cuarto de aseo.

Después de mojarse la cara, de beber un poco de agua y de serenarse, puesto que el peligro había pasado, se sintió muchísimo mejor.

—Uf... —respiró aliviado y, al meter la mano en el bolsillo para sacar el pañuelo, se percató de que llevaba la pastilla.

No tenía más remedio que ir a devolverla... Como no le hacía ni pizca de gracia tener que regresar allí, se encaminó hacia la buhardilla con desgana.

Paso a paso y sin hacer ruido subió la escalera, y lentamente se acercó a la puerta. Se aprestaba a llamar para que le permitieran la entrada cuando, a través de los opacos cristales, alcanzó a distinguir al tío Casimiro de espaldas, inmóvil en su sitio.

Pero lo que más le llamó la atención fue que también divisó al resto de los muchachos, señal de que no se habían movido de allí. Apoyados contra la pared o tendidos en el suelo, parecían adormecidos.

Rápidamente, como sucede en las películas cuando el protagonista descubre que le están apuntando, se echó al suelo. Un sexto sentido le alertaba de que un inminente peligro se cernía sobre él.

Permaneció agazapado junto a la puerta, tan inmóvil que casi ni se atrevía a respirar.

«Todo esto es muy extraño», se decía, notando que su desconfianza aumentaba a pasos agigantados.

Al cabo de un rato oyó que el tío Casimiro le ordenaba a Jordi que se acercara a su lado y, tras un breve silencio, comenzó a sermonearle:

—Ya ves lo que sucede si no cumples lo que te pido. No obedeces y luego te quedas sin el viaje que tanto te gusta.

—Pe... pe... pero no... no he po... no he podido... ¡De... de verdad!

—No me lo creo, si era muy fácil. Otras veces ya lo has hecho. Se trataba tan sólo de coger alguna cosita del joyero de tu madre. ¡Está tan lleno...!

—Pe... pero... pero lo... lo han lle... llevado al banco.

—Sabes que cada pasajero ha de pagar su viaje. ¿Qué me podrías traer entonces? Quizá... dinero.

—Lo in... in... intentaré —prometió Jordi, esforzándose para que el otro le creyera.

—En ese caso, y para que veas que confío en ti, te dejaré hacer el viaje. Pero si no cumples, lo lamentarás, ¡sabes que no bromeo!

—Sí... sí... lo... lo... sé.

—Dadle una pastilla —ordenó el tío Casimiro, y ya no se les oyó hablar.

Pablo estaba echo un auténtico lío. Por más vueltas que le diera, le costaba comprender qué era lo que en realidad se estaba tramando allí dentro.

Que lo del viaje era un cuento chino, eso lo tenía claro. Y también que todo aquello era un ardid para hacer caer a los incautos. Pero..., ¿los muchachos no se daban cuenta de que no se habían movido de aquellas cuatro paredes?

«Seguramente no...», concluyó, con cara de quien ha hecho un fantástico descubrimiento.

Al intentar frotarse las manos como solía hacerlo cada vez que estaba muy entusiasmado, notó que aún conservaba su pastilla. Se la guardó en el bolsillo de la camisa y, andando a gatas para no ser descubierto, se alejó tan rápido como pudo.

Se encaminó a su habitación donde, tendido en la cama, aguardó a que los demás «regresaran de su viaje».

El caso es que acabó por dormirse y, cuando se despertó, ya empezaba a oscurecer. Sólo de pensar que tendría que pasar la noche allí, sintió tanto miedo en el cuerpo, que de buena gana hubiera echado a correr y no se hubiera detenido hasta hallarse lejísimos de aquella casa.

Pero..., ¿dónde iría? ¿Y si se perdía en la montaña? Bien pudiera ser que no encontrase a nadie que pudiera ayudarle por aquellos parajes.

Sin duda... ¡estaba metido en un lío muy gordo! Incapaz de encontrar una salida, acabó por levantarse sin demasiadas prisas y, andando pasito a pasito, se encaminó hacia la cocina.

La casa estaba sumida en un silencio tan profundo, que por unos instantes Pablo tuvo la sensación de haberse quedado repentinamente sordo. Por más que intentara no pensar en ello, el miedo se iba apoderando de él. Tenía la impresión de que cien ojos le vigilaban desde la oscuridad, dispuestos a atacarle llegado el momento.

Tampoco en la cocina había nadie, dando la impresión de que continuaban todos reunidos en el piso de arriba.

De pronto, el ruido de unos pasos que se acercaban, le hizo palidecer aún más, provocándole en el estómago una sensación parecida a la que experimentaba cada vez que montaba en la montaña rusa.

Indefenso como animal acorralado, no sabía qué hacer, si buscar urgentemente un lugar donde ocultarse, o fingir que estaba tranquilo como si no hubiera pasado nada. Acabó optando por esto último, pues no atinó a descubrir un sitio seguro donde meterse.

Los pasos se aproximaban más y más, y a medida que se acercaban, los dientes de Pablo castañeteaban de forma cada vez más incontrolada.

De pronto, la puerta de la cocina se abrió lentamente, chirriando de tal manera que daba escalofríos.

Presa del terror, Pablo estaba a punto de ponerse a gritar con todas sus fuerzas, cuando vio aparecer a José Luis.

—Ah... —¡eres tú! —dijo el niño, y respiró algo más aliviado, pues, junto al amigo, se sintió a salvo.

Se acercó sigiloso y, tras coger al muchacho por el brazo, hablando en voz baja, en tono de confidencia le contó su descubrimiento:

—No es verdad lo del viaje. Os he espiado a través de la puerta y he visto que no os habíais movido de allí.

José Luis retrocedió un par de pasos, mirándolo con ojos de asombro, hasta que finalmente dio media vuelta y se marchó corriendo.

VIII

PABLO se quedó más tieso que un espantapájaros, sorprendido ante la reacción de José Luis.

«Quizá ya lo sabía y ha corrido a contarle al tío Casimiro que los he descubierto...», temió el chiquillo, notando que era preciso desconfiar de todos hasta no estar absolutamente convencido de lo contrario.

Se encontró entonces tan solo y tan falto de recursos para hacer frente al peligro que le amenazaba que, sin importarle si hacía el ridículo, dijo a voz en grito:

—¡Mamá!

Rosa volvió rápidamente la cabeza, pues le pareció haber oído con tal nitidez que Pablo la llamaba.

Paseó la mirada de un sitio a otro, pero... ¡nada! Claro, qué estaría haciendo su hijo allí a aquellas horas.

En cambio, ella y Jacinto, sentados ante una mesa muy bien servida y rodeados de auténticos manjares, celebraban una nueva luna de miel.

La verdad sea dicha: ellos eran muy dados a las celebraciones. Poco les costaba encontrar un buen motivo para festejar algo e improvisar una pequeña fiesta. Y en aquella ocasión, en vez de quedarse en casa con cara de pena y lamentando lo mucho que echaban en falta a Pablo, habían decidido irse a cenar a un restaurante elegante y caro.

Había sido idea de Jacinto, y Rosa la secundó entusiasmada. Pero mientras se deleitaban con el segundo plato, fue cuando Rosa creyó oír que Pablo la llamaba. Sin poder evitarlo, se sintió dominada por el desasosiego. Ya no le apetecía permanecer allí, prefería marcharse a casa.

—¿Ahora mismo? —le preguntó Jacinto, bastante extrañado.

—No, cuando me acabe de comer lo que hay en el plato —aclaró ella.

—Trata de calmarte —le aconsejó él—. Aún nos faltan los postres.

Rosa echó una ojeada al carrito de los postres que en aquel momento desfilaba por su lado, y dijo:

—Bueno, haré lo posible por controlarme. Eso sí, el café lo tomamos en casa.

Y eso hicieron. Al acabar los postres, tras probarlos todos, se marcharon a casa.

Pero no por ello se sintió más tranquila. Aquel extraño nerviosismo crecía sin que Rosa supiera qué hacer para ponerle el freno. Hasta que, en una especie de arranque, dijo con su chorro de voz:

—Quiero llamar a Pablo para saber si está bien.

Jacinto, algo más ponderado, consultó su reloj y, tratando de hablar en tono conciliador para no soliviantarla aún más, le indicó:

—Es muy tarde, cariño. ¿Qué tal si le llamamos mañana a primera hora?

—Bueno... —asintió Rosa, muy a pesar suyo, y se fueron a la cama.

Aquella noche no consiguió pegar ojo, por más que lo intentó de todas las formas posibles. No dejaba de pensar en cómo se encontraría Pablo.

—Si algo malo le hubiera sucedido, ya nos habrían llamado —le susurraba Jacinto, más dormido que despierto.

—Sí, ya sé que las malas noticias vuelan —dijo ella, y aunque también sabía que su marido tenía razón, el caso es que le servía de muy poco: no podía quitarse a Pablo de la cabeza.

Mientras tanto, Pablo, que tampoco podía pegar ojo, se preguntaba qué estarían tramando el tío Casimiro y los demás. Llevaban un rato reunidos en la cocina, hablando en voz baja para no ser oídos. A Pablo le habían ordenado que se marchara a la habitación, y él obedeció sin protestar para no empeorar aún más las cosas.

Una vez allí, encerrado entre aquellas cuatro paredes, aguardaba con auténtica impaciencia, preguntándose qué podía hacer para ponerse a salvo. Hecho un mar de dudas, se acercó a la ventana, la abrió evitando hacer ruido, y entonces asomó la cabeza.

La oscuridad era tan intensa, sin que pudiera vislumbrarse ni una pequeña luz a lo lejos, que la idea de saltar y echar a correr en medio de aquella boca de lobo le cortó la respiración igual que una ducha helada.

No..., no se atrevía a hacerlo.

Se acercó a la cama y acabó por sentarse apoyado contra la pared. Aquella espera era una tortura difícil de resistir.

Por momentos, las voces dejaban de oírse, como si la reunión hubiera tocado a su fin. Entonces Pablo se decía que seguramente irían a buscarle. En medio de la noche oía pasos que se acercaban amenazadoramente.

Sin poder remediarlo, se encogía aún más en la cama, notando que ya no le quedaba ni pizca de valentía.

Pero enseguida se percataba de que había sido una falsa alarma, ya que misteriosamente los pasos habían dejado de oírse, y entonces respiraba aliviado. Claro que esa tranquilidad le duraba muy poco, pues, al cabo de un rato, vuelta a empezar.

Hasta que después de tantos sobresaltos, tanta angustia y tanto miedo, la noche llegó a su fin y fueron dejándose ver los primeros destellos del nuevo día. Pablo corrió junto a la ventana para contemplar la luz, como si ella pudiera ahuyentar todos los peligros.

Permaneció allí largo rato, con los ojos fijos en el paisaje que, poco a poco, se tornaba más claro y amistoso, hasta que oyó sonar el teléfono.

—¡El teléfono...! —dijo Pablo en voz baja, mientras iba hacia la puerta de la habitación. Sólo entonces descubrió que en la casa había uno.

«Si pudiera llamar a casa...», planeó, algo más esperanzado.

Claro que llegar hasta el teléfono no sería tarea fácil. Vacilaba, ya que no estaba seguro de poder lograrlo.

Mientras tanto, el teléfono continuaba sonando. Al parecer, no había nadie cerca que pudiera cogerlo. Seguramente estarían tan rendidos de cansancio, que ni siquiera conseguía despertarlos el timbre del teléfono.

Aquella podría ser su gran oportunidad. Así que, en un arrebato de coraje, salió apresurado.

Guiado por el sonido del timbre, avanzaba con paso trémulo. Atravesó un pasillo en penumbra, bajó los pocos peldaños que conducían al comedor, cruzó la puerta que daba a la cocina y, en la despensa, en medio de los frascos de conserva, finalmente dio con el teléfono.

«¡Vaya sitio!», se dijo, estirando la mano para cogerlo, cuando en ésas resonó a sus espaldas:

—¡No se te ocurra tocarlo!

—Yo... yo... —tartamudeó, tratando de ganar tiempo mientras pensaba en una respuesta ingeniosa. Pero lo cierto es que no se le ocurrió ninguna.

El otro, mirándole con cara de pocos amigos, se abalanzó sobre el teléfono y contestó:

—Sí..., diga.

—Hola, ¡buenos días!, soy la madre de Pablo, ¿podría hablar con él? —dijo Rosa, al otro lado de la línea telefónica.

El muchacho dudó unos instantes, pues no sabía qué responder, y finalmente dijo:

—Es que..., pues en este momento no están... han salido a caminar.

—¿Tan temprano? —se extrañó la mujer, sabiendo que no era fácil hacer salir a su hijo de las sábanas. Y, sin recuperarse aún de la sorpresa, quiso saber:

—¿Se encuentra bien?

—¡Sí! ¡Sí! —se apresuró a afirmar el otro.

Pero ni aún así, Rosa se tranquilizó, por lo que continuó indagando:

—¿A qué hora regresarán?

—Pues... yo... mmm —se trabó el joven, puesto que le costaba hilvanar las ideas.

—¡Hombre, que la pregunta no es tan difícil! —bromeó ella y, tras una breve pausa, volvió a la carga—: Te he preguntado a qué hora han dicho que regresarían.

—A... a las doce, si no me equivoco —acabó por decir, deseando terminar cuanto antes con aquella conversación.

—Y..., ¿cómo es que tú no has ido? ¿Acaso estás castigado? —inquirió Rosa con picardía.

—No, es que me ha tocado quedarme de guardia —se le ocurrió decir al chico.

—Ya entiendo. Bueno, dile a Pablo que me llame en cuanto llegue. Gracias y adiós —se despidió y colgó.

Entonces, girándose hacia su marido con un dedo apoyado en la comisura de los labios, confesó sus temores:

—No sé..., ¿qué quieres que te diga?, no me ha gustado la forma de hablar de ese muchacho. Es... bastante sospechosa.

—¡Mujer! Tú ves fantasmas por todos lados —le recriminó Jacinto, para que no siguiera dado rienda suelta a sus fabulaciones.

—Quizá tengas razón —admitió ella y, aún con cara de sueño, se dirigió a la cocina dispuesta a preparar el desayuno.

Pero, un buen rato antes de las doce, ya estaba sentada cerca del teléfono esperando la llamada de su hijo.

Hasta que no hablara con Pablo y le oyera contar que se lo estaba pasando bien, persistiría en ella el desasosiego que le hacía suspirar más hondo que a una joven enamorada.

IX

ALLÁ en la casa, también Pablo y el tío Casimiro estaban junto al teléfono, dispuestos a efectuar la llamada.

El hombre, sin disimular lo molesto que estaba con él, le repitió en tono crispado las recomendaciones:

—Si te vas de la lengua, lo pagarás muy caro. Piensa que has hecho un juramento y eso te ata a nosotros para siempre. Prometiste no explicar nada de lo que aquí se diga o se haga. ¿Lo entiendes? —le preguntó con el ceño fruncido, y cogiéndole por el cuello.

—Sí... —respondió Pablo, tan terriblemente asustado que notaba que el pipí se le escapaba por mucho que apretara las piernas.

Y el hombre, mirándole como a un auténtico enemigo, prosiguió:

—Le dirás a tu madre que te lo estás pasando muy bien, que esto es una maravilla, ¿de acuerdo?

—Una maravilla... —repitió el niño, para demostrar que lo había entendido perfectamente.

—¡Sin guasa! —le advirtió el otro, que estaba de un humor de mil demonios y todo le fastidiaba. Y hablando con sorna,

prosiguió—: Venga, llama a tu mamita de una vez. ¿A qués esperas?, bebito...

Pablo ignoraba qué era lo que se suponía que debía hacer, si tenía que coger el auricular o permanecer inmóvil soportando estoicamente que el otro continuara tomándole el pelo. Por eso no hizo nada, pero...

—¡Que llames de una vez! ¿O es que no me oyes? —chilló el tío Casimiro, y las venas del cuello se le hincharon como si fueran a reventársele de un momento a otro.

Tan rápido como fue capaz, Pablo cogió el teléfono y comenzó a marcar los números.

Fue en ese momento cuando el tío Casimiro, con la misma mirada del gato que está a punto de zamparse al ratón, le dijo:

—Apresúrate, que luego saldrás de viaje hacia el planeta Kleenbody —y comenzó a reírse con todas sus ganas. Aunque era la primera vez que lo hacía en toda la mañana, Pablo hubiera preferido que continuara serio.

«Es la mismísima risa del diablo», pensó, y todos los pelos se le pusieron de punta.

Para colmo de males, sin darle siquiera un minuto de respiro para poder recuperarse, Rosa atendió al teléfono y con voz impaciente, dijo:

—¿Sí, quién es?

—Mamá, soy yo —respondió él, tratando de mostrarse animoso.

—¿Cómo está mi pequeñín? —quiso saber su madre.

—Bien, muy bien —respondió Pablo, para satisfacción del tío Casimiro.

—¿Te diviertes?

—Bien, muy bien. ¡Maravilloso! —respondió Pablo, que estaba más pendiente de las indicaciones y gestos del hombre que de lo que decía su madre.

—Y..., ¿dime una cosa? ¿Me añoras aunque sólo sea un poquitín? ¿Tienes ganas de volver a casa?

Al oír aquello, Pablo vio el cielo abierto. Era la ocasión de ponerles sobre aviso sin ser descubierto. Entonces, con desmedido entusiasmo, respondió:

—¡Sí, sí! ¡Lo haría ahora mismo!

—¡Embustero...! —exclamó Rosa, risueña y complacida ante lo que ella tomó por un simple halago.

«No me ha entendido», pensó el chiquillo, y volvió a desmoralizarse.

—¿Te dan bastante de comer? ¿La comida es buena? —continuó interesándose la mujer.

—Sí...

—Anoche, ¿qué tomaste de postre?

—Pues... no me acuerdo... —titubeó Pablo, y no mentía.

El tío Casimiro, que ya estaba harto, en voz baja y ayudándose con gestos, le ordenó que colgara.

—Bueno..., adiós... —se despidió Pablo.

—¡Adiós, chiquitín! —lo hizo Rosa a su vez.

Pero, girándose rápidamente hacia donde estaba su marido, con expresión de sorpresa le comentó anonadada:

—Dice que no se acuerda de qué le dieron de postre en la cena.

Y siguió mirando fijamente a Jacinto. Él sostuvo la mirada, sin hacer ningún comentario.

En cambio, el tío Casimiro, exultante por haberse salido con la suya y por lo que planeaba hacer, comentó radiante:

—Has estado bien y, como recompensa, te dejaré hacer el viaje. ¡Ja, ja!

—Gracias, no me apetece —rechazó Pablo.

Y el hombre, con una sonrisa en los labios, como si encontrara todo aquello muy gracioso y divertido, le respondió:

—Me da igual lo que pienses. ¡Harás lo que yo diga! Ya verás, en cuanto hagas un par de viajes, luego me pedirás por favor que te deje ir. No falla —dijo el tío Casimiro muy seguro. De sobra sabía que, tras las primeras dosis, la dependencia de esa droga se volvía tan grande, que los chavales hasta eran capaces de robar con tal de conseguir una de esas pastillas.

Por toda respuesta, Pablo dio media vuelta y echó a correr, ganando en un momento la puerta que daba hacia el camino. Ya afuera, y sin volver la vista atrás, corrió poniendo todo su empeño en cada zancada.

El tío Casimiro, encantado con el juego, le observó alejarse desde la ventana. Entonces, con enorme regocijo, indicó a uno de sus ayudantes:

—Bernardo, déjale un poco más de ventaja, luego vas por él y lo traes a rastras.

Dicho y hecho. Al cabo de poco rato, el hombre traía a Pablo atado de pies y manos, como si fuera un animal capturado.

Por culpa de la cuerda, el muchacho se veía obligado a avanzar dando saltos. Mas, como no era demasiado ágil, cada dos por tres tropezaba y acababa rodando por el suelo. A pesar de ello, no se daba por vencido. Forcejeaba, tratando de librarse de la soga, y amenazaba con morder al primero que se le acercara.

El resto de los muchachos, que a causa de tanto jaleo acabaron por despertar, fueron presentándose uno a uno en la sala para saber qué pasaba. Viendo a Pablo de aquella guisa, empezaron a hacer bromas y a burlarse.

Todos menos Jordi, a quien su buena memoria le hacía recordar que también a él le habían sometido a algo por el estilo. No pudiendo soportarlo, en un arrebato se colocó al lado de Pablo y salió en su defensa:

—Va... va... vale..., ¿no? Ta... ta... ta...

El tío Casimiro, que sabía perfectamente por dónde atacar para que hiciera más daño, le remedó burlón:

—Cuidado con él, se le puede escapar un tiro. ¿No veis que parece una ametralladora? ¡Ta, ta, ta, ta, ta! —e hizo como si llevara el arma en las manos y estuviera disparando.

Unos y otros celebraron la ocurrencia con sonoras carcajadas, menos Pablo y Jordi, que permanecían en medio del corro, serios y a la expectativa. Los dos muchachos fueron colocándose tan cerca uno del otro que sus cuerpos se rozaban, y eso les daba fuerzas para enfrentarse a los demás.

Pero aquella inesperada complicidad no le gustó nada al tío Casimiro, por lo que decidió acabar con ella de inmediato, antes de que se envalentonaran demasiado. Dirigiéndose a Jordi, le dijo con fingido pesar:

—Si estás con él, no estás con nosotros, así que no podrás acompañarnos en el viaje. ¡Cuánto lo siento...! O tal vez lo pienses mejor y vuelvas a nuestro lado.

Jordi bajó la cabeza y, tras unos segundos de indecisión, dio unos pasos y se colocó junto al tío Casimiro.

Pablo desvió la mirada, tratando de disimular que estaba a

punto de romper a llorar. Por nada del mundo deseaba que le vieran con lágrimas en los ojos.

El tío Casimiro, dispuesto a asestarle un nuevo golpe, después de pasar el brazo por encima de los hombros de Jordi, invitó a todos a dirigirse a la cocina. Allí organizaron una improvisada merienda, poniendo sobre la mesa todo lo que pillaban a mano: patatas fritas, olivas, chorizo, mejillones en escabeche, tacos de jamón...

De pie en un rincón, Pablo observaba cómo devoraban todos aquellos manjares, y la boca se le hacía agua. Sin embargo, aguantó como un auténtico héroe, y en ningún momento suplicó que le acercaran un plato.

Cuando sentía que sus fuerzas estaban a punto de flaquear, trataba de pensar en otra cosa. Aunque, claro está, con el delicioso aroma que le llegaba, no era tarea fácil. A pesar de ello, no abrió la boca más que para relamerse.

Como si todo aquello fuera poco, a alguien se le ocurrió proponer:

—¿Os apetece tomar un helado?

—Claro que nos apetece, pero ya no queda.

—Puedo ir hasta el pueblo y comprar —indicó el muchacho y, sin más, se encaminó hacia afuera... Poco después, partió montado en una bicicleta.

Por un momento, Pablo se olvidó de la comida. «Si consiguiese hacerme con una bicicleta, entonces no me echarían el guante», planeó, y el corazón le dio un vuelco.

Pero, para conseguirlo, primero tendría que librarse de esas ataduras. Así que, aprovechando que los demás casi no reparaban en él, trató por todos los medios de soltarse las manos.

Aún luchaba con la soga en su afán de conseguirlo, cuando regresó el muchacho con el helado. Los demás lo recibieron con gritos y aplausos. Se organizó tal jolgorio que aquello parecía una sonada fiesta.

Y así continuaron hasta que ya no quedó ni pizca de helado en los platos.

Entonces, siguiendo paso a paso el plan que se había trazado, el tío Casimiro propuso:

—Qué os parece, ¿llevamos a Pablo de paseo? Aunque no ha sido un buen compañero, ¿qué tal si le mostramos lo bien que se está en Kleenbody?

—¡Sí! —respondieron los demás a coro, pues aquello significaba que también a ellos se les permitiría hacer el viaje.

—¿A qué esperamos? —preguntó el tío Casimiro con aire triunfal—: ¡En marcha! —y arrancó a andar hacia la buhardilla.

Los demás rodearon a Pablo y, casi en volandas, también le llevaron escaleras arriba. Aunque el muchacho se debatía con todas sus fuerzas, no le servía de nada. Pese a que no cesaba de gritar, ni siquiera se le oía, puesto que los otros chillaban aún más.

X

AUNQUE resultaba evidente que no había manera de zafarse, Pablo no se daba por vencido. Presentaba batalla de tal manera que tenían que sujetarlo entre unos cuantos para que se estuviera quieto.

Puesto que no podía casi ni moverse, comenzó, furioso, a insultar al tío Casimiro con todos los tacos que se le pasaban por la cabeza, y con otros que se iba inventando sobre la marcha.

Aquello llegó a exasperar tanto al mandamás que, dispuesto a poner el punto final a semejante incordio, ordenó alterado:

—¡Dadle una pastilla, pronto!

Sus ayudantes se dieron prisa en cumplir la orden. Con movimientos rápidos se colocaron delante de Pablo y...

—¡Abre la boca! —le ordenó Bernardo en tono poco simpático, al tiempo que le acercaba la pastilla.

Pablo apretó los labios.

Pero el hombre, que no solía amilanarse ante las pequeñas dificultades, hizo un gesto a los muchachos. Entre unos cuantos, pese a la resistencia de Pablo, le obligaron a abrir la boca tapándole la nariz y presionándole la mandíbula.

Bernardo le metió entre los dientes una de las pastillas. El otro ya le acercaba un vaso a los labios para que bebiera agua, cuando se oyó el sonido de un claxon. Evidentemente, un coche se había detenido junto a la casa.

Silencio, nadie soltó palabra.

El claxon volvió a sonar, y entonces todos se miraron preocupados y confusos, porque no era corriente que alguien pasara por allí.

Tampoco el tío Casimiro sabía cómo reaccionar, puesto que desconocía quién sería el inoportuno visitante. Sin embargo, evitaba acercarse a la ventana para no ser descubierto. Si pensaban que en casa no había nadie, posiblemente acabarían largándose.

Aprovechando el desconcierto que reinaba, Pablo se las ingenió para escupir la pastilla sin que los demás le vieran. Y lo hizo justo a tiempo, pues, segundos más tarde, una mano le tapó la boca por si se le ocurría ponerse a gritar pidiendo auxilio.

El claxon volvió a sonar, y fue entonces cuando se oyeron los primeros ladridos:

—¡Guau, guau, guau!

«¿Tento...?», pensó Pablo, bastante sorprendido, pero casi seguro de no equivocarse.

—¡Guau, guau! ¡Guau, guau! —insistía el perro, como si quisiera alertar a sus amos de algo.

—¿Dónde vas, Tento? ¡Ven aquí! ¿No ves que no hay nadie en casa? —se dejó oír una voz de mujer, que Pablo reconoció sin ninguna dificultad.

—¡Guau, guau, guau! —hizo el perro, y sus ladridos resonaban cada vez más próximos.

El tío Casimiro corrió hacia la ventana. Semioculto tras los cristales, alcanzó a ver la inconfudible silueta de Rosa. Junto a ella estaba Jacinto y, enseñándoles el camino, avanzaba Tento.

Rosa presionó el picaporte, y comprobó que la puerta se abría. Miró a su marido un tanto dudosa, pero como Tento ya se dirigía hacia el comedor, echó a andar detrás de él con paso decidido.

Tampoco Jacinto se quedó atrás, por lo que los tres entraron como Pedro por su casa.

De pronto, Tento se detuvo y olfateó por aquí y por allá, y finalmente comenzó a subir escaleras arriba meneando el rabo.

Rosa y Jacinto iban tras él y, a medida que subían, comenzaron a oír una estridente música que sonaba a gran volumen, como si allí fuesen todos sordos.

—¡Qué horror! —se quejó Rosa llevándose las manos a las orejas, y aceleró el paso.

Cuando llegó arriba, tenía casi la lengua afuera, mas, sin pausa ni vacilaciones, abrió rápidamente la puerta. Se quedó boquiabierta al encontrarles bailando y saltando superanimados.

—¡Oh, qué sorpresa! —fingió el tío Casimiro, mientras se acercaba a ellos para saludarlos.

Pero Tento se plantó ante él y le interceptó el paso gruñendo y enseñando amenazadoramente sus colmillos. El hombre se detuvo en seco y, esforzándose por mostrarse encantado con la visita, se justificó:

—No les hemos oído llegar...

—No me extraña —respondió Rosa, mirando por encima

del hombro y, sin siquiera preguntar si podía hacerlo, fue y desconectó el radiocasete.

—¡Aaahhh...! —respiró aliviada, mas, al girarse, por poco pierde el equilibrio y cae al suelo cuan larga era.

Pablo, libre de las ataduras, había tomado carrerilla y le había saltado al cuello. Abrazándola con todas sus fuerzas, le daba un beso tras otro, sin importarle lo más mínimo lo que pensaran sus compañeros.

—¡Mi pequeño! ¡Qué alegría verte! —celebraba Rosa, feliz y risueña.

Mientras tanto, Tento continuaba plantado frente al tío Casimiro, prohibiéndole que diera ni un solo paso. Y el hombre, sin saber qué otra cosa podía hacer, acercándole ligeramente la mano, con bastante miedo le decía:

—Hola, perrito..., perrito guapo, hola...

Pero Tento, sin dejar de enseñar los dientes, continuaba receloso:

—¡Grrr, grrr, grrr!

Tan insistente y preocupante era la actitud del animal, que el tío Casimiro quiso librarse de él cuanto antes. Así que, dirigiéndose a Jacinto, le dijo:

—Parece que la ha tomado conmigo.

—Tranquilo, no hace nada —le respondió Jacinto sin perder la calma.

Al oírle, Tento se esforzó en abrir aún más la boca, para conseguir un aspecto más fiero. El tío Casimiro clavó sus ojos en aquellos enormes colmillos y, sin ocultar sus temores, le preguntó a Jacinto:

—¿Está seguro de que no hace nada?

—¡Hombre!, así como lo ve, es incapaz de matar a una mosca. Es un trozo de pan con pelos. ¡Créame! —insistió Jacinto, seguro de lo que decía.

Y sus palabras consiguieron convencer al tío Casimiro. Tanto que, ignorando las advertencias del perro, empezó a andar al tiempo que decía:

—Vayamos a la sala, allí estaremos más cómodos.

Por toda respuesta, Tento le cogió por el pantalón y comenzó a zarandearlo sin dejar de gruñir, enfadado.

—¡Socorro! ¡Socorro! —se puso a gritar el hombre, sin saber qué hacer para quitarse de encima a semejante monstruo.

Jacinto presenciaba aquel insólito espectáculo mordiéndose la lengua para no soltar la carcajada. Al notarlo, el tío Casimiro sintió que la sangre le hervía en las venas. Vaya..., ¡era lo único que le faltaba! ¡Que encima se rieran de él como si fuese un bufón de palacio!

Temblando como un flan, pues no paraba de forcejear con Tento, se encaró a Jacinto y le dijo muy serio:

—¿Le importaría ordenarle que me suelte?

—En seguida... —respondió el otro, sin perder su buen humor y, tratando de no mostrarse demasiado duro con Tento, le indicó—: Vale, ¡déjale ya! ¿Es que no te cansas nunca de jugar?

Tento soltó su presa y se acercó a Jacinto meneando el rabo y ladrando alegremente.

El tío Casimiro trató de componerse la vestimenta, pero fue en vano. Tenía los pantalones tan arrugados y llenos de babas, que la única solución posible sería cambiárselos.

Y lo hubiera hecho de buen grado, pues le deprimía verse con semejante facha. Mas, consciente de que no era de buen anfitrión despreocuparse de las visitas, aunque a regañadientes, los acompañó a la sala.

Y, mientras lo hacía, se acercó disimuladamente a Bernardo para decirle:

— Llévate a los muchachos fuera, ¡a todos! —recalcó—. Que jueguen y que griten bastante, que se note que se divierten.

—Sí, jefe —respondió el otro, obediente, y con un par de zancadas se situó entre Rosa y Pablo.

El niño, que hacía lo posible por no separarse del lado de su madre, intentó esquivarle acelerando el paso. Pero el hombre, sin dejarle escabullirse, le cogió por el brazo y le dijo a media voz, moviendo apenas los labios:

—Ahora saldremos todos al jardín, ¿entendido?

—Yo... no... —trató de zafarse Pablo.

—¡Todos! —le amenazó su acompañante, retorciéndole de tal forma la muñeca que le hizo ver las estrellas.

Pablo hizo un gesto de dolor, pero no gritó para no empeorar aún más la situación.

Estaba realmente asustado. Sentía muchísimo miedo por lo que aquella gente pudiera hacerles a él y a sus padres. Al parecer, no tenía más solución que obedecerlos para que no tomaran represalias.

Así, rodeado por los demás muchachos, se encaminó al jardín sin volver a protestar.

Mientras jugaba a la pelota y saltaba risueno, tal como le habían ordenado, mirando a través de los cristales no perdía de vista a sus padres. Éstos, sentados en la sala, charlaban con el tío Casimiro y Bernardo.

Finalmente, tras varios rodeos, el dueño de casa se aventuró a preguntar lo que realmente le preocupaba:

—Y..., ¿qué les ha traído por aquí?

A lo que Rosa, sin pelos en la lengua, respondió con presteza:

—Pues, mire usted, yo no estaba demasiado convencida de que mi hijo se lo estuviera pasando bien.

—¡Vaya ocurrencia! —le interrumpió el hombre, dando a entender que sus dudas no tenían sentido ni fundamento.

—Y continúo sin saber si Pablo se encuentra a gusto —agregó la mujer, tajante.

—Puedo asegurarle que está disfrutando muchísimo de su estancia —afirmó el tío Casimiro, esforzándose por disipar cualquier duda.

Pero Rosa, que cuando algo se le metía entre ceja y ceja era más testaruda que una mula, no dudó en replicar:

—No piense que dudo también de su palabra, pero... el caso es que prefiero que sea él quien me lo diga. Así me quedaré más tranquila —y, tras esbozar una sonrisa de compromiso, agregó—: ¿Verdad que me entiende?

—¡Por supuesto! —respondió el hombre y, dirigiéndose a Bernardo, no tuvo más remedio que decirle—: Ve y trae a Pablo.

El ayudante saltó de la silla como si tuviera resortes en las posaderas y se alejó de allí andando a buen paso.

—¡Qué diligente! —comentó Rosa con bastante sorna, observando al tío Casimiro por el rabillo del ojo.

El otro regresó a la sala al cabo de un rato, trayendo a Pablo por los hombros, en actitud de admirable compañerismo. Al verle, Tento se levantó y fue al encuentro de su amo para lamerle la mano.

Pablo avanzaba tan rígido como si lo hubieran encorsetado. Y, sin darle oportunidad de que se acercara demasiado, el tío Casimiro le preguntó con aire bonachón:

—Dime una cosa, ¿prefieres quedarte con nosotros o marcharte ahora con tus padres?

Bernardo le apretó el brazo, como simple recordatorio de lo que podría sucederle si no actuaba tal como le habían indicado.

—Yo... yo... —tartamudeó Pablo.

—Sí, pequeño —le animó su madre—, ¿qué quieres hacer?

—Quiero... quedarme... —se sintió obligado a responder.

XI

—PROMÉTEME que me llamarás por teléfono cada día —le pidió Rosa antes de entrar en el coche.

—Sí, lo haré —respondió Pablo y desvió la mirada.

Rosa se instaló en el asiento junto a Jacinto y, como siempre, él tuvo que recordarle:

—Ponte el cinturón.

—Ya iba a hacerlo, pero es que no me has dado tiempo. ¡Qué hombre! —protestó ella.

Tento iba en el asiento de atrás, con la cabeza asomada por la ventanilla y, puesto que no se resignaba a separarse de Pablo, ladrando inquieto:

—¡Guau, guuuauuu, guau!

Parado en medio del camino de tierra, Pablo les observaba fijamente.

—Alegra esa cara —le advirtió el tío Casimiro, sin quitarle el ojo de encima.

El niño lo intentó, pero no pudo. En aquel momento, Jacinto puso el motor en marcha y partieron.

—¡Adiós! —saludó Rosa, agitando una mano.

Pablo no conseguía mover ni siquiera un dedo. Permanecía rígido, presa del terror al comprobar que sus padres se alejaban cada vez más.

—¡Despídelos con la mano en alto! —le ordenó el tío Casimiro.

Ya sólo faltaban unos pocos metros para que el coche girara en un recodo del camino y lo perdieran definitivamente de vista.

—¡Agita esa mano, pasmado! —insistió el hombre.

En lugar de ello, al ver que el coche desaparecía ante sus ojos, sin siquiera proponérselo, Pablo echó a correr, al tiempo que gritaba con auténtica desesperación:

—¡Mamá! ¡Papá!

—¡Cogedle! —ordenó el tío Casimiro, y varios muchachos salieron tras él.

—¡Guau, guau! —alertó Tento, moviéndose de un lado a otro del asiento.

—¡Cállate! —chilló Rosa y se tapó las orejas, antes de que la dejara sorda.

Pero Tento, sin cesar de ladrar, saltó por la ventanilla y con la velocidad de un galgo fue a reunirse con Pablo.

Sin comprender aún qué diablos sucedía, Jacinto frenó y, dejando el coche en medio del camino, fue tras los pasos del perro.

—¡Espérame! —pidió Rosa saliendo del coche, pues por culpa de la falda ajustada no conseguía avanzar muy deprisa.

A pesar de los insistentes gritos de la mujer, Jacinto no se detuvo. Corrió con la lengua fuera. Y, tras desandar un recodo del camino bordeado de espesa vegetación, quedó azorado al presenciar una escena absolutamente insólita.

Tento, convertido en una auténtica fiera, con los pelos del lomo de punta y enseñando todos sus dientes, hacía frente sin pizca de miedo a un grupo de jóvenes que intentaba acercarse a Pablo.

Por su parte, Pablo empuñaba una piedra en cada mano y amenazaba con arrojársela al primero que se acercara.

—¿Qué sucede? —preguntó Jacinto, sin atinar a descubrir a qué venía semejante revuelo.

Los muchachos, incapaces de dar una explicación, dieron media vuelta en silencio y regresaron a la casa. Pablo se lanzó a los brazos de su padre y, sin poder controlarse, rompió a llorar mientras pedía desconsolado:

—¡Quiero irme a casa! ¡No me dejéis aquí! ¡Quiero irme a casa!

Poco acostumbrada a correr, Rosa avanzaba jadeando, pues ya no podía ni con su alma. Pero, al ver a su hijo de aquella manera, salió como una flecha gritando:

—¿Qué te ha pasado? ¿Qué te han hecho?

—¡Quiero irme a casa! —repitió Pablo, apretando el rostro contra el pecho de su padre.

—Pues te vienes y ya está —le tranquilizó Jacinto y, mirando a Rosa, le hizo un gesto para que no continuara preguntando.

Cosa poco habitual en ella, Rosa obedeció sin rechistar. Entonces, andando pasito a pasito, llevó a Pablo hacia el coche.

Mientras tanto, Jacinto se dirigió a la casa para recoger las pertenencias de su hijo. Tento lo acompañaba, dispuesto a socorrerle en caso de que hiciera falta.

El tío Casimiro les vio aproximarse y salió a su encuentro. Simulando una enorme extrañeza por el comportamiento del niño, preguntó:

—Pero..., ¿qué le ha pasado?

Y Jacinto, que de tonto no tenía un pelo, respondió sin perder los modales:

—Seguramente, usted lo sabe mejor que nadie. Pero de eso hablaremos en otra ocasión. Ahora sólo me interesa recoger su mochila.

Alguien fue a buscarla y poco después se la entregaron.

—Gracias —dijo Jacinto al tiempo que la recogía, y sin más se puso en marcha.

—Buenas noches —le despidió el tío Casimiro un tanto burlón, disimulando así lo preocupado que estaba.

Y Jacinto, sin volver la cabeza ni retardar el paso, respondió:

—Hasta pronto. Ya volveremos a vernos las caras.

—¡Guau, guau, guau! —apoyó Tento, cubriéndole la retaguardia a su amo.

El tío Casimiro permaneció de pie junto a la puerta. Los demás le fueron rodeando poco a poco sin dejar de mirarse entre ellos, recelosos y asustados.

Nadie se atrevía a decir ni pío, hasta que Bernardo, con voz temblorosa, le preguntó:

—¿Crees que se irá de la lengua?

El tío Casimiro guardó silencio unos segundos más, pensativo, para luego responder sin sombra de duda:

—No, Pablo no hablará.

En efecto, no había manera de que el niño soltara prenda.

Y eso que su madre lo intentaba de todas las formas posibles e imaginadas. Pero... ¡no había manera!

—Déjale, ya nos lo contará —terció Jacinto, con los ojos siempre puestos en la carretera.

—Bueno... —resopló Rosa un tanto contrariada. Ella no tenía la paciencia de su marido y quería que Pablo le explicara de una vez qué había sucedido en aquella casa.

Mas saltaba a la vista que no le quedaba otro remedio que esperar. Sabía sobradamente que cuando Pablo se cerraba en banda, no había forma humana de hacerle cambiar de opinión.

«Por Dios, ¡qué cabezota! ¿A quién habrá salido?», se preguntó, ignorando por un momento sus propias virtudes y defectos.

Se acomodó en su asiento y encendió la radio, tratando de que el regreso se le hiciera menos pesado. No veía el momento de llegar a casa.

Con la ayuda de la música, Pablo se fue relajando lentamente. Al final acabó por dormirse apoyado sobre el lomo de Tento.

Pero los malos sueños y las pesadillas comenzaron a acosarle, haciéndole dar brincos en el asiento y gemir asustado.

—Pobrecillo —dijo Rosa con un hilo de voz para no despertarle y, acercándose a Jacinto, le confesó—: Esto no me gusta nada.

Tampoco a él le hacía ni pizca de gracia.

Por el rabillo del ojo miró a su esposa y la vio con el ceño fruncido, como hablando a toda prisa y de forma desordenada para sus adentros. Tratando de infundirle ánimos, le acarició la nuca.

Inmediatamente, ella se le acercó, le estampó un sonoro beso en la mejilla y luego suspiró emocionada. Le encantaba que tuvieran atenciones con ella y la mimaran. ¡No podía evitarlo!

El resto del camino lo hicieron en silencio, volviéndose, de cuando en cuando, para echar una ojeada a su hijo.

Pablo se despertó al notar que el coche se detenía. Entreabrió los ojos y comprobó que habían llegado. Entonces, a trompicones, entró en casa. Y, sin hacer ni siquiera un alto en la cocina, se encaminó directamente a su habitación. Agotado, sólo tuvo fuerzas para quitarse las zapatillas y dejarse caer en la cama.

Poco después, cuando Rosa y Jacinto asomaron la nariz en la habitación para ver cómo se encontraba, él dormía profundamente.

—Dejemos que descanse —susurró Jacinto, retirándose.

Rosa asintió y luego dijo:

—Mañana, seguramente, querrá contarnos lo que le ha sucedido.

Pero..., ¡qué va! A la mañana siguiente, cuando bajó a desayunar, tenía tal cara de pocos amigos que Rosa quedó impresionada.

«Mecachis, ¡vaya carácter!», pensó la mujer, mientras le preparaba la leche con miel y cereales.

Pablo comió sin soltar palabra y, al acabar, encerrado en su mutismo, fue a sentarse en la sala. Permaneció un buen rato quieto, con la mirada perdida en el vacío, hasta que sonó el teléfono.

Sin saber por qué, se sobresaltó tanto que temblaba de pies a cabeza. Y más aún cuando su madre le pidió:

—Pablo, por favor, ponte al teléfono.

Acercarse al aparato y coger el auricular le exigía un esfuerzo tan grande que por un momento pensó que no sería capaz de hacerlo.

Por fin, casi sin voz, respondió, terriblemente asustado:

—Sí...

Silencio.

—Sí... —repitió Pablo, con un nudo en la garganta que casi no le dejaba ni respirar.

Del otro lado se oyó una desagradable risotada y, a continuación, la voz del tío Casimiro que resonaba como si estuviera en las mismísimas catacumbas del infierno:

—Pequeño granuja, nos has abandonado. ¿Por qué lo has hecho? ¿Acaso no recuerdas tu juramento? ¿Te has olvidado de que eres uno de los nuestros? Si algo malo nos sucediera, tú correrías la misma suerte, ¡no lo olvides! Por mucho que lo intentes, por nada del mundo podrías alejarte de nosotros, ¿lo has entendido?

—Sí..., sí... —logró decir Pablo.

—Dime una cosa —prosiguió el hombre, transparentando la maldad en cada una de sus palabras—, ¿les has contado algo a tus padres?

—No, ¡no!

—Te creo, y celebro que no lo hayas hecho. Si hablas más de la cuenta, te arrancaré la lengua a trozos, ¡créeme!

Instintivamente, Pablo cerró la boca y se cubrió los labios con la mano, mientras abría unos enormes ojos de espanto. Como permanecía más callado que un transmisor sin pilas, el otro necesitó cerciorarse:

—¿Aún estás ahí?

—Sí...

—Bueno, veo que entras en razones —dijo, y luego fue él quien guardó silencio. A Pablo aquello se le hacía eterno. Finalmente, el hombre prosiguió—: ¿Qué tal si vienes a hacerme una visita el miércoles? ¿Vendrás?

—Sí... —prometió Pablo, pues no sabía qué otra cosa podía hacer.

Antes de despedirse, el tío Casimiro volvió a recordarle:

—Sé buen chico y no hables con nadie de nuestro querido planeta Kleenbody.

—No lo haré... —recitó Pablo de forma casi mecánica, como si estuviese bajo el control de un poderoso mago—. Adiós... —agregó y colgó.

«¡Menudo lío!», pensó, completamente desorientado. No sabía qué hacer, ni dónde ir, ni qué pensar. Se sentía acorralado y vencido, sin escapatoria posible.

De pronto, como suelen suceder esas cosas, con infinita sorpresa notó que a su cabeza llegaban imágenes de una película que había visto en la tele días atrás. Sin atinar a descubrir por qué lo hacía, continuó rememorando diferentes pasajes y también su argumento.

Trataba sobre un indio bueno al que perseguían regimientos de malvados soldados. Le persiguieron hasta que consiguieron rodearlo.

—¡Entrégate, no te haremos daño! —le aseguraron, mas era un vil engaño. Pretendían echarle el guante para liquidarlo.

El indio, creyendo en tales palabras, por poco cae en la emboscada. Pero en el último momento decidió no hacerles caso y huyó por un atajo abierto entre los matorrales.

Así consiguió salvar el pellejo aquel indio rebelde y valiente.

«¡Bien hecho!», se dijo Pablo, pensando aún en el indio. Y, dándole vueltas a la idea, se encaminó hacia la cocina. Se detuvo junto a la puerta y clavó los ojos en su madre.

Rosa estaba muy atareada preparando un asado de carne con cebollas, pimientos, patatas...

—Mamá... —comenzó a decir Pablo, a media voz.

XII

EL miércoles, al salir de la escuela, Pablo pasó un momento por su casa. Luego, con el ceño fruncido y las manos en los bolsillos, se encaminó hacia el piso de la calle Calabria.

Asomados tras los cristales, Rosa y Tento lo observaron alejarse. Y allí se quedaron hasta perderle de vista.

Al punto, Tento salió como una flecha en busca de su correa, pese a que no tenían por costumbre sacarle a la calle a aquellas horas. Y, puesto que Rosa continuaba en la ventana, comenzó a ladrar como alertándola para que se diera prisa.

—¡Guau, guau, guau! —insistió el perro, yendo de un lado a otro bastante inquieto, como si ya no pudiera aguantarse.

—Ya voy —dijo Rosa, mientras buscaba las llaves, pues a causa de los nervios no recordaba dónde las había metido.

Finalmente dio con ellas y, empuñando la correa, salió a la calle tras los pasos de Tento. El perro avanzaba tan veloz como si participara en una carrera, y Rosa se las veía negras para andar a su ritmo.

—¡No tan rápido! —le pedía la mujer casi sofocada, pero el perro no le hacía ni caso.

Mientras tanto, Pablo llegaba al piso de la calle Calabria. Antes de llamar, se arregló la camisa y la cazadora, dando la impresión de que deseaba estar impecable aquella tarde.

Tras examinarse cuidadosamente la ropa, trató de serenarse para que no se le notara demasiado inquieto, y sólo entonces tocó el timbre.

Pese a todos sus esfuerzos, sintió que el corazón le latía acelerado. Y fue en ese preciso momento cuando se le cruzó por la cabeza dar media vuelta y salir corriendo. Llegó incluso a mirar hacia atrás... Mas lo cierto es que no se movió de delante de la puerta.

Poco después, el propio tío Casimiro salió a recibirle y, con una amabilidad desmedida, le hizo pasar.

Era más que evidente que el hombre se esforzaba en demostrar que entre ellos no había rencillas ni resentimientos. Los malos momentos pasados eran, pues, sólo eso: cosas del pasado.

Por su parte, también Pablo dejaba entrever en su forma de comportarse que estaba arrepentido y con ganas de hacer las paces.

Antes de que el niño se sentara, el anfitrión le dijo:

—Ponte cómodo. Quítate la cazadora.

—No —se apresuró a decir Pablo, y se puso rojo como un tomate.

El hombre lo notó y, pensando que el niño estaba demasiado tenso, prefirió no insistir para que no se sintiera más molesto.

Según el tío Casimiro, lo que convenía a sus planes era recuperar la confianza de Pablo, y estaba dispuesto a todo por conseguirlo.

Se sentaron en la sala, frente a frente, aunque evitaban mirarse directamente a los ojos. Permanecían en silencio, mientras buscaban las palabras indicadas para abrir el fuego.

Finalmente, el tío Casimiro, acostumbrado a enfrentarse con situaciones de ese tipo, dando muestras de un profundo pesar, comentó:

—Tengo que pedirte disculpas. Creo que no me comporté como un buen amigo. Es que estaba un poco nervioso y...

—¡Qué va! —le interrumpió Pablo—, la culpa es sólo mía. Fui yo quien se portó como un chiquillo tonto y maleducado.

—¿Por qué lo dices? —inquirió el otro, sin salir de su asombro.

—¿¡Y aún me lo pregunta!? Uf..., ¡con el follón que organicé! Y todo por niñerías, pues el caso es que me moría de ganas de viajar a Kleenbody.

El hombre se sintió de pronto realmente incómodo. No le gustaba tratar ese tema así, abiertamente. Consideraba que no era el sitio ni el momento adecuado. Y ya se disponía a darlo por zanjado, cuando se dio cuenta de que ello podría disgustar a Pablo y alejarlo definitivamente de su lado.

Así que, haciendo oídos sordos a sus temores, continuó la charla en plan amistoso.

—Pues... —dijo, pensando cada una de las palabras y entonándolas de la manera más adecuada—: el día que te decidas a hacer el viaje, lo pasarás de fábula. ¡No te exagero!

—Ya, ya, ¡sí que lo creo! —afirmó Pablo y agregó con entusiasmo—: Es más, quiero hacerlo cuanto antes.

Aquello iba mejor de lo esperado, y el tío Casimiro no supo ocultar su satisfacción.

—¿De verdad? ¡No sabes cuánto me alegro! Y..., ¿cuándo quieres hacer tu primer viaje?

—¡Ahora mismo! —le indicó el niño, con desbordante júbilo.

Pero tanta euforia, y un cambio tan repentino, hicieron desconfiar al tío Casimiro. Entonces, mientras encendía un cigarrillo, dijo a modo de excusa:

—Lo siento, pero ahora mismo no estoy preparado y...

Pablo, en lugar de dar marcha atrás, se mostraba cada vez más excitado. Con los ojos muy brillantes, le respondió:

—Eso no es problema, yo tengo una de esas pastillas que ayudan a hacer el viaje —y rápidamente la sacó del bolsillo para enseñársela.

El tío Casimiro quedó como traspuesto. No podía creérselo. Le costaba admitir que había sido capaz de cometer semejante torpeza. «¿Cómo he sido tan imbécil?», se preguntaba, con la mirada fija en la pastilla que descansaba en la palma de la mano de Pablo.

Ahora estaba convencido de que todo aquello era una encerrona. Entornó los párpados durante unos segundos, tratando de descubrir qué le convenía hacer. Mas tal era el odio y la rabia que se le habían despertado, que no le dejaban pensar con serenidad.

Y, al abrir los ojos y toparse frente a frente con el culpable de su desgracia, incapaz ya de controlar sus ideas ni sus pensamientos, chilló furioso:

—¡Enano maldito, te mataré! —y saltó encima de Pablo dispuesto a acabar con él.

Pablo dio un brinco impresionante y echó a correr, mientras gritaba a toda voz:

—¡Socorro! ¡Socorro! ¡¿A qué esperan!? —exclamó, mirando de reojo a su fiero perseguidor. Achuchado por el miedo, acercó los labios al micrófono que llevaba oculto entre las ropas, y repitió impaciente—: ¡¿A qué esperan?! ¡Socorro!

En aquel preciso momento, para su tranquilidad, la policía irrumpió en el piso. Los agentes derribaron la puerta de entrada, la que daba al patio interior, e incluso un par de ventanas para conseguir entrar.

En un periquete rodearon al tío Casimiro y, encañonándole con sus armas, ordenaron al delincuente:

—¡Quieto! ¡No dé ni un solo paso!

—No... no... no disparen... —suplicó el hombre y, mirando a unos y a otros con ojos de terror, pidió—: ¡No me hagan daño...!

—En sus labios, eso suena como un chiste, ¡sinvergüenza! —exclamó Rosa indignada, mientras se le acercaba con los brazos en jarras.

Al verla, Pablo corrió a su lado y se lanzó a su cuello con los brazos abiertos. Y al abrazo se sumó también Jacinto, que de tan nervioso y emocionado como estaba hasta hacía pucheros.

—Por suerte ya ha pasado todo —dijo el hombre con voz trémula.

Pablo y Rosa asintieron, mientras hacían lo imposible por consolarle. Tales eran los besos, las caricias y los arrumacos que le prodigaban, que aquella escena resultaba sumamente emocionante.

Al percatarse de ello, los reporteros gráficos no dudaron en rodearlos y, mientras disparaban sus flashes, pedían enérgicos:

—Señora, póngase una mano en el pecho y la otra sobre la frente. Así, en actitud más dramática.

—Chaval, no mires la cámara y pon cara de pena.

—Y usted, a ver si llora de una vez —le recriminaron a Jacinto.

El hombre se sintió tan intimidado que no supo qué responder ni cómo ponerse.

En vista de que todos estaban pendientes de sus amos, Tento avanzó sigiloso. Desde hacía tiempo quería darse un gustazo y finalmente había llegado el momento.

Dando un rodeo se acercó al tío Casimiro y, sin ladridos ni gruñidos, ni siquiera previo aviso, le hincó el diente en las posaderas.

—¡Aaahhh! —chilló el hombre, pero nadie le prestó atención.

Y Tento, feliz de haberse salido con la suya, fue meneando el rabo, muy alegre, a reunirse con Rosa, Pablo y Jacinto. También él quería salir en las fotos.

Al día siguiente estaban los cuatro retratados en la primera página de todos los periódicos. Aunque la palma y los elogios se los llevaba Pablo, a quien todos coincidían en tratar como un auténtico héroe. Gracias a él se había desarticulado una peligrosa banda que traficaba con droga y buscaba adeptos entre grupos de jóvenes fáciles de impresionar.

Quitándole importancia al asunto, Pablo declaraba:

—Yo lo único que hice fue contárselo todo a mis padres.

Al conocerse la noticia, en el barrio se armó un terrible revuelo, y cientos de vecinos desfilaron por su casa para darle la enhorabuena. Aunque eso no fue nada comparado con la que se organizó en la escuela.

La Asociación de Padres y Maestros, apoyada sin reservas por el Comité de Alumnos, decidió suspender las clases y dedicar todo el día a homenajes y festejos. Y, ya a media mañana, la música comenzó a sonar en el patio y por doquier se respiraba un bullanguero ambiente de fiesta.

Colgaron guirnaldas y globos e improvisaron un entarimado. Sobre él sentaron a Pablo y también a sus orgullosos padres.

Como no podía ser de otra manera, el niño era el centro de todas las miradas. Unos y otros se acercaban a saludarle, hacerse una foto con él o simplemente para tocarle, pues jamás habían tenido un héroe así al alcance de la mano.

También sus amigos Víctor, Jaime y Fernando se le acercaron. Pero ellos no demostraban la misma alegría que los demás, sino que se los veía terriblemente avergonzados. Tanto era así que ni siquiera se atrevían a levantar la cabeza.

Y, evitando mirarle, le dijeron los tres:

—Esperamos que nos perdones. Jamás volveremos a llamarte «ballena blanca». ¡Lo prometemos!

Pablo permaneció unos instantes muy serio, y luego cayó en una profunda y contagiosa carcajada. Afortunadamente, acababa de darse cuenta de que si le volvían a llamar «ballena blanca» le traía sin cuidado.

Más aún, hasta lo encontró simpático. Y, sin lugar a dudas, nunca más volvería a enfadarse por una bobada semejante.

Entonces, harto ya de estar encima del entarimado como si fuera una estatua, se marchó con sus amigos. Y, todos juntos, corrieron tras una pelota que botaba juguetona sobre el suelo de tierra.

Índice

COLECCIÓN **ALA DELTA**

Serie verde. A partir de los 11 años

18. *El arca de Noé.* Alfonso Martínez-Mena.
19. *El vidente.* Pilar Mateos.
20. *Ápex, la guerra de las horas.* Miguel Ángel Mendo.
21. *Dardo y Huracán.* Miguel Martín Fernández de Velasco.
30. *El bordón y la estrella.* Joaquín Aguirre Bellver.
32. *Juan Castigo y Pocarropa.* José Luis Molina.
33. *Cuentos para la hora de los postres.* M. Dolors Alibés.
38. *El misterio del león de piedra.* Ulises Cabal.
39. *Baldomero el pistolero.* Juan Muñoz Martín.
41. *El arquitecto y el emperador de Arabia.* Joan Manuel Gisbert.
44. *Aventuras de Nico: Un amigo en la selva.* Alfredo Gómez Cerdá.
46. *Los mapas etéreos.* Miguel Ángel Mendo.
56. *En busca del tesoro.* Manuel L. Alonso.
58. *Aventuras en cuevas.* Tomás Calleja.
59. *El tren que nunca existió.* Juan Miguel Sánchez Vigil.
61. *Aventuras con tito Paco.* Antonio A. Gómez Yebra.
63. *La cueva del Toloño.* Pablo Zapata Lerga.
71. *Mi padre, don Cristóbal Colón.* Felícitas Corbella.
72. *Paladín.* Miguel Martín Fernández de Velasco.
75. *Perder para ganar.* Ramón García Domínguez.
78. *Maricastaña, la heroína desconocida.* Juan Antonio de Laiglesia.
79. *El misterio del colegio embrujado.* Ulises Cabal.
84. *Historias asombrosas.* Jordi Sierra i Fabra.
87. *La cueva del Extranjero.* Jesús Ballaz.
89. *El Camino de Santiago.* Joaquín Aguirre Bellver.
101. *Tres chicos intrépidos.* Manuel Cerezales.
108. *El caso de la echadora de cartas.* Miguel Ángel Mendo.
111. *El asunto zoo.* Luisa Villar.
113. *El misterio de la ratonera asesina.* Ulises Cabal.

115. *Aventuras de Nico: El volcán del desierto.* ALFREDO GÓMEZ CERDÁ.
118. *Marabo, el último bandolero.* JUAN MIGUEL SÁNCHEZ VIGIL.
120. *La diosa negra.* MARIANO VARA.
126. *¡Nos han robado la oreja!* RAMÓN GARCÍA DOMÍNGUEZ.
127. *La leyenda de Sira y Ondú.* JOAQUÍN AGUIRRE BELLVER.
133. *Sobresaltos en las cavernas.* TOMÁS CALLEJA.
134. *El misterio de la ciudad submarina.* ULISES CABAL.
140. *Los ríos de la luna.* GABRIEL JANER MANILA.
142. Yo *vi al yeti. Relatos del barón de Cotopaxi.* CÉSAR PÉREZ DE TUDELA.
145. *Aventuras de Nico: El secreto del gran río.* ALFREDO GÓMEZ CERDÁ.
148. *La puerta del infierno.* MARIANO VARA.
149. *La escapada de tres chicos intrépidos.* MANUEL CEREZALES.
151. *Los casos del comisario Ricart. Alarma en las Ramblas.* JUAN MUÑOZ.
152. *Asunto: El robo de* Las meninas. LUISA VILLAR.
153. *La abadía del Toloño.* PABLO ZAPATA LERGA.
160. *¿Quién dice* no *a las drogas?* RICARDO ALCÁNTARA.